思想觀念的帶動者
文化現象的觀察者
本土經驗的整理者
生命故事的關懷者

心靈工坊
【PsyGarden】

Holistic

探索身體，追求智性，呼喊靈性
攀向更高遠的意義與價值
是幸福，是恩典，更是內在心靈的基本需求
企求穿越回歸真我的旅程

靈性發展地圖

走出自我探索的迷宮

Follow Your Heart

The Map to Illumination

普蘭‧貝爾 | **蘇珊娜‧貝爾** |
Puran Bair | Susanna Bair | 著

王曙芳 審閱 | 徐曉珮 譯

致謝

我們要感謝以下友人的慷慨協助，使本書能夠問世：

羅賓和傑克‧卡本特（Robin and Jack Carpenter）、海倫‧藍格洛瓦‧克萊兒（Helen Langlois Claire）、瑪麗貝絲‧古利耶里（Marybeth Guerrieri）、艾利亞‧沙比哈‧馬力克（Aliya Sabiha Malik）、史蒂夫和克里斯蒂‧奧爾森（Steve and Kristy Olson）、珍妮安德伍德（Jeanie Underwood）、波特安德伍德（Porter Underwood）。

我們也感謝以下親友，為本書的內容做出貢獻：

亞沙達‧貝爾（Asatar Bair）、伊姆萊（Elijah Imlay）、寶拉‧羅姆（Paula Roome）、辛普森（Judith Simpso）、伊麗莎白‧史密斯（Elizabeth Smith）以及我們在二〇〇九年和二〇一〇年關於此書稿的前兩個網絡課程的其他參與者。

感謝「心的應用冥想協會」（IAM Heart）的導師、教師和僻靜指南，他們使用了「靈性發展地圖」長達二十年。他們的經驗為「靈性發展地圖」貢獻了珍貴的細節：巴塞特（John Bassett）、畢提（Alistair Beattie）、卡本特（Robin Carpenter）、寇爾比（Bonnie Colby）、戴爾（Caroline Dale）、蒂爾莎‧哈波（Dilsha Happel）、約翰‧哈波（John Happel）、強森（Doug Johnson）、可汗（Elijah Khan）、克羅克（John Kroeker）、馬克曼尼斯（Dan McMannis）、摩爾（Jennifer Moore）、普爾森（Karen Poulson）、瑞丁頓（Heather Redington）、透納（Linda Turner）、安德伍德（Jeanie Underwood）、魏托斯（Arjunada Vitos）以及沃立克（Catherine Warrick）。

目錄

前言
靈性發展地圖的繪製者

有一塊需要繪製地圖的領土。

在生命開始快速發育，也就是受精著床後十八天，你的心臟就開始跳動。大概在跳了二十億下之後，心臟就會停止，你的生命因此結束。在生與死之間，心臟會敲擊出生命旅程的每一步。對某些人來說，就像是騎馬旅行；對另一些人來說，可能是坐飛機；還有些人是徒步走完旅程。不管用什麼樣的方式或速度旅行，都會經過某些地標：山谷、高峰、橋梁、沙漠，還有綠油油的草地。我們都是這條道路上的旅人。不論是水電工和神職人員、勞工與律師、護理師以及主播，我們都依循自己的心，走在相同的道路上，朝相同的目標前進，為了圓滿生命的目的：**發光**（illumination）。我們每個人都盡可能在這一生走得越遠越好。有些人是閉著眼睛走，有些人則張開雙眼走，有些人慢吞吞，有些人往前衝，有些人停下來蓋了旅店讓其他旅人休息，有些人則是走在前頭留下標記，讓後面的人依循。本書提供了這條靈性道路的地圖，以及知識，讓你在這一生的旅程能更順暢，走得更遠。

人類發展地圖的概念，遠超過一般活在當下的哲學。當你依循自己的心，不但會對當下的美麗與神奇產生深深的感動，也會感覺到一股力量拉著你往遙遠的目標邁進。你的心有一種欲望與熱情，引

領你變成應該變成的樣子，這樣才能圓滿我們生命的目的。傾聽自己的心，就會發現道路已經為你準備好了，這是一條所有依心而活的人都走過的道路。

如果你沒有任何欲望，就會在生命的道路上靜止不動，享受當下，獲得滿足。但只要你接觸到自己的心，就會想起生命的課題，然後去完成屬於自己獨特的貢獻。如果你用心冥想，就會發現，不論任何時刻，你都是在這條道路上。

你仍是那個出發進行自己的旅程的人，而且肯定是那個抵達的人。慶祝自己走了多遠，把握這次的機會，為前方的目標做好準備，成為自己生命的舵手。**當下這一刻可以和一輩子一樣長**，只要你將覺知的範圍擴展到自己的整條道路。

有人說沒什麼好學習，也沒什麼地方可去，總之每個時刻的自己都會不一樣。但我們整個人的動態改變其實具有延續性。所以要了解自己，就必須對自己過去的一切、目前的狀況、還有接下來會變成的樣子、已經浮現的徵兆、亙古以來的所有，都要有所覺察。在我們擴展的意識中，當下的時刻包含了過去與未來。因此，記住之前發生的一切，然後預測自我發展道路的前方會出現的事物。你目前的自我概念中，絕對包含潛在的未來，這就像鬱金香的種子會預先知道並認同自己即將開出的花形。所以，自我認知不只需要我們去理解已經在自己身上發生的事，還要**了解正在發生的事**，以及這樣的經驗會帶我們到哪裡。這就是靈性發展地圖（The Map of illumination）的功用。

此外，我們要了解的重點在於，靈性發展地圖不但具有實用性，

也是經驗的傳承。地圖的設計是為了確實引導我們與他人順利達到靈性成熟的過程。這地圖不但敘述詳盡，也可以實際操作：不僅說明了道路的步驟，也包含了能夠讓旅人往前進入下一步驟的指示。

靈性發展地圖和個人生命發展的心理學描述有所不同，後者是從年輕、熱情的啟蒙，到中年危機，到年老的滿足。這樣的人類發展敘述無法展現加速或擴展的過程，或甚至是否有進一步的可能。僅是觀察到年紀增長的過程並不能夠滿足我們，我們希望能有意識地運作轉化的過程。

許多人不需要知道是否有靈性道路的存在，或自己是否走在這份地圖的道路上。因為在靈性上，大部分人都像沒有到過城市的鄉巴佬。除非你是個旅人，或是因為一些理由去關心其他地方的人，否則你不需要知道太多的地理知識。但若想探索內在世界，我們在此提供的靈性發展地圖，就和外在世界的任何地圖一樣珍貴。地圖是已經探索過這塊土地的人留下的指引；裡頭指出了熱門的景點、危險的區域、主要的大陸、捷徑和里程碑。當你清楚知道自己在何處，想要去何地，就可以安全通過原本看起來難以克服的障礙，更有信心地走出自己的路。

本書幫助你了解自己走過地圖上的哪些地方，接下來可能往哪裡去。你可以看到自己曾在哪裡卡住或迷路，或在哪裡進展十分迅速。如此一來，你就能夠擁有更平順愉快的旅程。接下來的章節中，我們會帶領你走過這張地圖，用一連串的指示與冥想，來統合你過去的經驗、目前的狀態，以及心的欲望，讓你的生命活出更強烈的意圖與目標。

靈性發展地圖的來源

大家現在對兒童的成長過程已經有很詳盡的了解，而且對每個階段也都劃分得很清楚。舉例來說，很明顯地，嬰兒會在開口說話之前先學會走路。同樣地，最近心理學家也將成人發展的階段，不管是生理或情緒的成熟，都做出詳盡的分析。但在很久以前，從個體化到靈性成熟的生命各個階段，是由祕士，也就是能夠感受並運作現實的合一性的內在世界大師來繪製靈性成長圖。他們留給我們的所有成長圖涵蓋的範圍都一樣：由經驗累積而來的智慧逐步發展，以及與此相對應所創造的示範性角色。

本書提供的靈性發展地圖取材自哈茲若．音那雅．康的教導，也就是他的著作，第十卷，《啟蒙的道路》[1]。他所描述的這條道路之後由他的兒子，也就是我們的導師，維拉雅．音那雅．康（二〇〇四年去世）繼續發展，他教導我們如何判斷學生所在的步驟。[2] 我們依照他過去三十年來對於數百名學生的評估來修正我們的認知。靈性發展地圖從一九七一年開始就成為我們觀想的主題，我們將這份地圖使用在自己和學生身上，來預測並記錄在心的道路上的進展。

在人類轉化的任何過程中，都會有一張地圖，來幫助人們了解自己所經歷的一連串變化所為何來。不同的傳統會發展出對旅程不同的詮釋與概念。

- 印地安原住民形容自我發展實際上是從看得見的世界到看不見的世界的旅程。

- 古埃及人形容它就像是六個階段的煉金轉化過程。

- 迷宮所呈現的發展旅程是一連串的轉折。

- 十三世紀時，巴黎沙特大教堂在地板上刻製了一個十一環的迷宮。[3]

- 基督教的行者，諸如克萊曼特（Clement of Alexandria），則認為旅程的三大階段是淨化，發光（illumination），與合一。[4]

- 東正教認為祈禱分成三個層次：思維的祈禱，思維與心的祈禱，與不停止的祈禱。[5]

- 伊斯蘭祕士阿爾薩拉（九九八年去世）提出了「七大站」，之後擴展成第一到第九個步驟。[6]

- 東西方祕士詩人都為靈性發展地圖添加各種材料色彩，尤其是魯米（Rumi）與莎士比亞。[7]

- 十二世紀中國禪師廓庵用找牛、馴牛和歸家的過程，比喻靈性發展的道路。[8]

- 波斯詩人阿塔在一一七七年寫下《鳥的會議》（*The Conference of the Birds*），以寓言的方式說明道路的前九個步驟。[9]

- 二十世紀學者如艾瑞克森（Erik Erikson）、李文森（Daniel Levinson）和安德森（Clifford Anderson）都研究了個人心理成熟發展的過程，相對應的是道路的前五個步驟。[10]

- 在一九九〇年代，蘇菲導師哈茲若·音那雅·康以十八步驟詳盡地說明了他的地圖。他的這個版本，包含了所有之前曾發展的地圖，並加入許多細節，成為本書依據的基礎。

靈性發展地圖的普遍性

過去偉大的製圖者們都是走在某個靈性傳統的修行道路上，不過他們的智慧已經超越了隸屬的傳統。心的經驗每個人都可以擁有。所有的宗教都會在心中相會，也是在這裡，我們得以和所有的存在與事物的合一直接面對面。一般的看法認為每個人都是與他人、與自然分離的個體，但心教導我們要以生命的整體性為基礎，並且深刻的了解這個生命是愛的化身。所有人共同關心的重點是：在這個時代，人類如何能夠在地球上過得更好，如何給予那些需要的人幫助。十三世紀時，魯米建立了梅夫拉維教派與旋轉舞，也是現今美國最受歡迎的詩人。他說：「我不是基督徒也不是猶太人，不是印度教徒，也不是穆斯林。不屬於東方，也不屬於西方，不屬於陸地，也不屬於海洋……我拋去了二元的想法，因為其實只有一個世界。」[11]

在本書中，我們想要讓所有的現實，即身、心、靈都整合在一起，成為現實的共同創造者，擔負宇宙輪迴的責任。這是件嚴肅的事，只有透過愛才能辦到。

希望靈性發展地圖能夠帶給你嶄新而深奧的洞見，讓你的靈性旅程更豐富，並讓你了解靈性道路的本質。

愛你們的

普蘭與蘇珊娜・貝爾
應用冥想協會創辦人

PS. 本書內容還在進行當中，因此會不斷改版。最新版本請見本書網站：www.followyourheart.org

註釋

1　康，第一卷（1960-1964）。

2　請見康，第五卷。（1974），（1978），（1982），（1983），（1988），（1992），（1994），（1996），（2000），（2003）。

3　用迷宮來描述道路的九個步驟是第五章的主題。

4　奧斯本（Osborn, 2008）。

5　克梭尼斯（Kotsonis, 2007），羅哥西堤斯（Logothetis, 1982）。

6　請見阿爾薩拉（Al-Sarraj, 2010）。

7　巴克斯（Barks, 1995）。

8　中國寓言的步驟與靈性發展地圖的對應，見附錄一。請見雷普斯（Reps, 1998）。

9　阿塔（Attar）的寓言與靈性發展地圖的對應，見附錄二。請見阿塔（2003）。

10　安德森（Anderson, 1995），艾瑞克森（Erikson, 1994），李文森（Levinson, 1986）。

11　尼克森（Nicholson, 1898, II）。

第一章

形成的過程

人類發展的目標，是要讓個人的身體、心靈、人格與行為，展現愛、和諧與美的純粹特質，經由個人的存在，探索所有的存在的潛能，完成個人之所以誕生的目的。通往這個目標的道路，已經由走過的前人鋪設出來。你的目標並非成為基督或觀音，或其他在歷史上啟發人類的偉人。他們已經完成自己應有的貢獻，你的貢獻則是要完整地實現你自己的這個版本。

隨著靈魂的成熟，你會渴望探索生命的深度，渴望了解自己的內在潛能，想要知道生命的本源與目標，想要明白生命的目的與意義，希望知道萬物內在的道理，希望揭開形式與名稱底下的所有真實。尋求因果的洞見，接觸時空的奧祕，找到神與自己之間遺失的連結。在你小我結束的地方，便是神性開始的地方。[12]

你會如何描述自己靈性的目標？或是用另一種說法，如何描述自己生命的圓滿？

人類的生命短暫，但擁有的潛能卻無限。你這一生想要成為怎麼樣的人？想要別人如何記得你？偉人之所以知名於世，不只是因為他們完成的大業，還因為他們擁有高尚的心。這些祕士（mystic）在全人類的心上烙下最強烈的印記，並在他們死後千百年，留下依舊受人崇敬讚揚的成就。

大轉向

根據最早的靈性文獻記載，過去五千年來，靈性發展的目標一再轉變。這個現象相當合理，因為人類一直在找尋「生命三大問題」的答案。這三大問題我們將在下一章討論。古埃及人對於「死亡的靈性經驗」十分著迷：身體死亡後，靈魂會變成怎樣？會前往天上的哪個地方？會受到怎樣的審判？最後的終點在哪裡？對這種經驗的疑問傳到了印度，由瑜珈士（Yogis）繼續研究。他們發明的冥想方法，可以讓人得到非常接近死亡的體驗，並活著回來分享這種過程。佛教則是發展出「輪迴」的概念，將向前的輪子往後轉，以便體驗到前世的存在。這讓超覺瑜珈的三摩地境界（samadhi）更往上提升了一個層次，甚至脫離了空間、時間與自我的概念。[13] 這個方向的發展已經到達極致，因此，之後以耶穌基督為首的祕士，便往相反的方向進行探索，像是：生命的靈性經驗是什麼？

於是靈性工作轉了個大彎，靈性生活的目標也從根本重新加以定位。

- 目標從無私與揚棄肉身（bodiless）轉向為靈性、自我、心智與身體。

- 從成為天使之光轉向而成為人類之燈。

- 大轉向之前，祕士說：「意識要純淨聖潔。」大轉向之後，祕士說：「將你的神性與上天的能量收納在自己的身體裡，從自我人格中展現出神聖之愛。」

- 吠陀（Vedanta）早期的目標是達到解脫（moksha），不受虛幻物

質世界的束縛。現在的目標則是能夠擔負起責任，成為世界共同的創造者，如其在上，如其在下。

- 過去的真言是「活在當下」[14]，新的真言是「無所不在」。[15]

- 「無常的教義」[16]，也就是萬物不斷改變，所以沒有固定本質，現在升級與「重生的教義」結合，演變成人類生命中重要的事件可以改變靈魂的狀態，而透過這樣的改變，人類的靈魂獲得了永恆。

- 以前是要將自我昇華至空無，現在是要將自我昇華至所有一切。如同神祕主義宣言所說：「我是所有的一部分，所有是我的一部分。」

- 要追求空無，就必須行僧侶之道。而追求所有一切，則是行生命之道，擁有家庭、工作、責任、健康的身體、社交生活等。

- 追求純粹精神層面的人，不需要個性的發展。追求整體完滿的人，則推崇個性的發展，認為這是靈性實踐（spiritual realization）的證明。如果靈性不能讓你變成更體貼的朋友、更有愛的伴侶，或是讓你的貢獻更有力量、更成功的創新，你無法提供更平靜的慰藉或是成為更具啟發性的來源，那麼你就不需要靈性。

大轉向之後，新的靈性目標將成人的發展劃分為九個步驟的靈性發展地圖。這條道路是從個體形成的最初階段開始，到整體與靈性的實踐，也就是「發光」（Illumination）為止。根據這些步驟的詳細敘述，我們會發現，大轉向的確讓這條道路往前發展得更遠。當我們走到第七步驟時，我們感受到不再受到自我種種束縛的解放。然後到第九步驟，自我又再次出現，但這個自我已經與「大我」合

而為一。

在這條道路上，一個人的個體性首先是經過（1）被賦予價值、測驗、肯定，然後（2）在與他人的連結中變得柔軟，同時又因為非凡的勇氣而變得強壯，最後（3）被一種非個人的認同所取代，這種認同不但存在於自我，也比自我巨大。

頭兩個階段與自我（self）的發展有關，我們建構力量以便能完成我們的渴望。然後到第二階段的最後，會消弭個人建構的自我界線，因為這道界線已經成為進一步成長與連結的桎梏。第三階段會發展出新的無界線自我，自我的利益在此已經和他人的利益或生命整體的需求並無二致。

接下來是更進一步的第四階段，這是致力於對他人之心與整體之心服務奉獻。這個階段超越了個人成就的目標。雖然人類發展永無止境，但第四階段的目的就是服務奉獻。如果這時個人獲得了任何方面的成長，也只是為了做出更偉大的貢獻。

透過這個靈性發展地圖，我們了解靈魂在生命的必經途徑，讓我們更能專注於此刻的教訓，而不是重複過去的經驗，或嘗試我們還沒準備好的工作。這條道路上的每個步驟都很重要，都在幫助我們做好面對下一步驟的準備。

有些步驟比較困難，有些比較簡單；有些步驟令人厭惡，有些則璀璨輝煌；有些步驟讓我們振奮，有些則需要我們臣服。但不管是正面、還是負面經驗都很重要，都能推動我們前進。這份地圖上顯示，奇數的步驟帶來榮耀，而偶數的步驟則帶來臣服。

如果沒有靈性發展地圖，我們會以為這條道路應該是一直往上爬

升，一旦遇到下坡，是因為我們犯了錯。但是這地圖告訴我們，人生的目標是成長與學習，而不是幸福或穩定。有些時候我們會覺得快樂安穩，但宇宙的本質充滿動能，改變無可避免。我們要學習將自己面臨的一切都看成是人生的必經過程，並將我們的生命全部投注在成長的道路上。

因此，下行週期與上行週期具有同樣的價值。想要永遠保持正面的態度其實很愚蠢，只會讓我們無法品味生命提供的所有洞見、情緒、能量與完整的經驗。無可避免地，正面會伴隨負面而來，就像海浪一樣，然後負面又會轉變成正面。正面或負面的評價，反映的其實只是我們的期待。現在看起來正面，之後看起來可能會變成負面，反之亦然；所以最後我們要停止使用這種個人判斷來訂定生命的價值，要能從負面中看到正面，也要能從正面中看到負面──這就是和諧生命的開始。要達到這樣的和諧，就要珍惜欣賞所有的一切，包括失望、失落、失敗、失去健康，這些都是為了讓你達成人生的目標所做的準備。

不管你的人生目標為何，它一定會包含某種形式的服務。在最初的幾個步驟中，也許為他人服務的目標不是那麼明顯，或者說，就算會產生幫助他人的欲望，但卻不清楚該怎麼去做。首先你必須透過專注的力量來掌控思維，以便發展出力量去完成你想要達到的目標。然後，開放你的心，讓你敏銳地察覺自己深層的渴望與他人的需求。這時你會發現自己願意為了追求熱切的渴望而有所犧牲：你的技能會從展現自我轉成啟發別人。你的理念會從自我的利益轉成公眾福祉；你的人際關係會從接受轉成給予；你的工作會由你的熱

情所點燃。繼續在這條道路上前進，將帶領你通往更高層次的服務奉獻。

靈性發展地圖也告訴我們，進步就是擔負起責任。創造者、創造活動與被創造者，三位一體，形成一種合一的狀態。被創造者也成為具有創造力的創造者，共同進行創造。這樣的責任感不是落在一個人的身上，而是由一群認為該為某方面的利益、某一群人，或某個地區負責的人共同分擔。我們每個人的工作，是學習如何運用能量，能量可能帶領意識上升或沉落，這樣我們就能充滿效率並對自己影響範圍內的所有事物擔負起責任。

因此，靈性發展地圖顯示了一條極為重要的道路，不僅針對我們本身，也針對整個世界能否達到發展的目標，讓天堂的特質反映在人世。這是人類全體被賦予的責任，為了這個目標，我們要追隨自己的心，因為心記得我們想要體現的天堂的美好狀態。愈能深入了解我們的心，距離目標就越近。在能發揮影響與調頻的範圍內，我們每個人對於人類的覺醒都有自己要扮演的角色。

註釋

12　哈茲若・音那雅・康（Hazrat Inayat Khan），第九卷，《宗教理想的統一，宗教概念的象徵意義，切開先知的胸膛》（*The Unity of Religion Ideals, The Symbology of Relilgious Ideas, the Opening of the Breast of the Prophet*），人之五欲，#4。本段引言，以及書中其他引言，均經過修改，以符合現代性別平等概念。

13　見布萊安（Bryant, 2009）的《波顛闍利瑜珈經》（*Yoga Sutras of Patanjali*）。現代大師對於三摩地的解釋，見康，第五卷（1992）（2000）。

14　達斯（Ram Das, 1971）。

15　維拉亞特・音那雅・康（Pir Vilayat Inayat Khah）常說的話。

16 無常是佛教三大基本教義之一，參見卡特（Carter,2008）的《法句經》（*The Dhammapad*）。

第二章

三大問題

生命有三大問題：

1. 我是誰？

2. 神是誰？

3. 神與我的關係是什麼？

你針對這些問題所給出的答案，定義了你在靈性方面的實踐，決定了你對自己的身體、人格、人際關係品質、人生目標的態度，以及你在任何狀況下所展現的行為。這樣的實踐會隨著在靈性道路上不同階段的演化而改變。這條道路上的每個階段，都會逐漸降低恐懼、痛苦與懷疑，同時帶來更新更大的挑戰。

你會怎麼回答這三大問題？

對於三大問題的回答，會隨著下列四個基本階段逐漸演化：

1. **分離的存在**──「我是獨立的個體，和其他個體是分開的。如果真有神的存在，祂也肯定和我是分開的。我向宇宙祈求的願望，通常不會實現。不管我心中怎麼想，好事和壞事都會發生在我身上。我實在是不清楚自己要對宇宙負起什麼責任。」

2. **連結的存在**──「我是處於人際關係網絡的個體，每個人的思想、言語和行為都會透過心的連結相互影響。我從心所送出的一切，會在所有人生活的這個『宇宙存有』（Universal Being）中震盪迴響，然後折回我身上。」

3. **合一的存在**──「我這個獨立個體和『宇宙存有』，分別位於我稱之為『我』的光譜兩端。有時候我和其他人一樣，會在光譜上

屬於獨立個體的這一端運作，但我感覺得到內在那無邊無際的靈性，我的自我的認同也可以像是一滴水融入這整體的海洋。我知道自己內在的靈性（spirit），和其他人的內在靈是同一個，所以，我感覺每一個人都是我自己，我能夠在自己當中體驗到每一個人的感覺。」

4. **服事一切的工具**──「我知道自己是『宇宙存有』的工具：我的身體是這個星球實體的延伸，我的思想能夠汲取宇宙的思想，我的情緒會重製星球與原子旋轉所產生的的宇宙情緒，我的靈魂是來自『宇宙光源』的光束，因此我覺得自己必須成為『宇宙存有』的工具，擔負起實踐宇宙意圖的責任。」

每一階段的回答都對應了對自我更深層、更本質的探索。

- 分離是思維的經驗。
- 連結是心的經驗。
- 合一是靈的經驗。
- 服事的經驗，也就是讓自我做為靈的工具。

接下來我們會更詳細討論這四種探索的經驗，如表一所示。

第一階段：思維（Mind）

在第一階段中，單獨的個體，是著重於知性的理解但沒有心的介入。頭腦思維主要是透過辨別模式來運作，能夠觀察因果，用臉孔與聲音從一群人中辨識出其中一個人，會計畫、推理。思維擁有強大的辨別能力，讓以頭腦思維為中心的人經驗到的是「你和我不

同」。因為這樣的不同以及和他人是分開的的感受，我們或多或少都可以預期到最後的結果會是：「我可以在占你便宜的同時，不讓自己的利益受損。」

根據這樣的感知，你的思維形成了一種概念，這就是，其他人是在你之外而存在，而且無形的力量會超越你的控制或意圖。因此，當你以這個階段的理解來運作，你就會擔心還沒發生的事，抱怨正在發生的事，也會懷疑好事臨頭究竟有沒有任何意義。

大部分人終其一生或大部分時間都活在第一階段，不知道真正的快樂究竟從何而來、害怕受人控制、普遍抱持悲觀態度、自我中心卻又不了解自我、無法忍受不同、挑剔所有的人、因為無法理解與同理他人而遭到孤立。

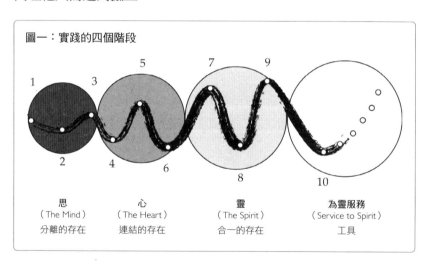

圖一：實踐的四個階段

思	心	靈	為靈服務
（The Mind）	（The Heart）	（The Spirit）	（Service to Spirit）
分離的存在	連結的存在	合一的存在	工具

這種情況沒有什麼錯誤，也怪不了任何人。以思維所認知的世界，就是一個險惡混亂的地方，人們為了日漸稀少的資源相互競

爭，以達成彼此不能相容的目標。這些人認為他人和自己是分離的、是在自己以外的個體，唯一能期盼他們的最佳狀況，就是以互惠的原則相處：我可以幫你做這些事，希望你也能這麼對待我。這種行為和商業交易類似，在公平交易的前提下，透過自己的想法評估付出與回收是否對等。在這個非黑即白的世界，沒有所謂的慷慨大方或寬厚仁慈。[17]

思維的發展可以分成三個步驟。在完成第三步驟後，你與他人之間產生一道善意的界線、在工作上得以發揮能力，也能與人保持和諧信任的關係。因為需要培養專注、堅持、客觀與知識，這三個步驟可能持續相當漫長的時間。思維發展健全的人，對於自己的見解很有自信，對於工作很有責任心，穩定、可靠、知足、理性。

第二階段：心（The Heart）

當你感覺與他人連結，代表你的心是開放的，你更深層面向的自我是與人共享的，就像集體無意識的狀態，外在世界會像鏡子一樣反映在你的內在世界，你的內在世界也會反映到外在世界。[18] 心的運作比思維的運作要來得深層，感覺的世界比表面的世界要來得豐富許多。心的開放是一種情緒與靈性的體驗，讓你在面對任何人或狀況時，都能看到當下的美好與神奇，看到未來還沒發展出來的潛能。

心會展現出一個美麗、智慧與圓滿的世界。在這個世界，我們之前所完成並理解的一切都顯得渺小不重要。每個人都曾看過這樣

的世界，但大多數人還是會回頭依賴理性的大腦思維，判斷何者為真、何者為假。不過思維其實沒有資格評斷心的世界，因為思維無法感知屬於心的那種無形卻強而有力的現實。

第二階段，也就是心的階段，會讓你充滿理想、樂觀與創造力。當你的心指向人生真正的目標時，它可以帶來非同凡響的成就。你學會如何心甘情願地臣服於愛的力量，並勇敢對抗虛假。沮喪、單薄的自我意象、成癮與悔恨，都被心的勇氣、創造力與寬恕所消融。依賴大腦思維的生活無法與心的生活相比，心是以完全不同的方式去看、感覺、運作、存在。

這個階段的行為稱為「慈善」：你明白所有自己發射出去的一切，都會反彈並回到自己身上，你尊重並幫助每個人，不管他們是否值得或懂得珍惜這樣的對待。

在第二階段，偶爾還是會受到第一階段的想法影響，懷疑自己的無私與樂觀到底可不可行，擔心自己會被占便宜或是被嘲笑，但這些都是因為思維理解的限制所造成。只要你的心持續充滿活力，便能重新獲得自然狀態下應有的勇氣、創意與喜悅。

第三階段：靈（The Spirit）

很少人能夠發展到第三階段。只有在自己提升到靈的階段時，我們才會體驗到所有人是不分彼此，全部交融在合一的狀態下。

- 每個人都會有自己的記憶，以及各種不同的思考方式，所以從思維的觀點來看，每個人都是分離、獨立的個體，這是很合理的。

- 我們會受到不同事物所觸動，但觸動之後引發的情緒是一樣的，所以從心的觀點來說，我們看起來是分離的個體，事實上卻互相連結。

- 每個靈魂（soul）都很獨特，然而每個靈魂的背後，有個全然合一的靈（spirit）；如同一個光源散發出無數光束，每一道光線都形成獨特的靈魂。當我們覺知到靈，就會覺知自己與其他的存有以及其他形態，是交融合一的。

因此，第三階段是來自對於靈的覺知，你了解到那並不屬於你自己，而是屬於全宇宙的普遍存有。我們由此獲得直接的個人體驗，感受到宇宙在自己裡面，自己也在宇宙當中。

這第三階段的覺醒，正是所有的祕士所渴求的境界，他們在親身經驗後傳授給門徒。對於這個境界，他們的給予不同的稱呼，像是：「合一」、「啟蒙」、「發光」，或「顯現聖容」，端看其依循的信仰傳統。在這個階段，你會發現並了解所謂自己的獨特性，只不過是「唯一存在」（the One and Only Being）以一種嶄新且獨一無二的方式展現出來的樣貌。在合一意識中，「我」和「你」都被「涵融一切的生命」所吸納，裡裡外外、上上下下。這個包容萬物的「唯一生命」，在《聖經》裡描述為「我們生活、行動、存在，都在神之中」。

是愛帶領你來到這個階段，這裡不是針對個人的愛，而是你的心渴望沉浸在愛裡，無限制也無條件。這種神聖的愛會化為對他人的愛，他人的心也會傳遞這樣的愛給你，而且你始終可以感受到這是自己的心很重要的特質。

第四階段：為靈服務

在第三階段，個體融入與一切合而為一，像是海洋中的一滴水。到了第四階段，生命整體會依循自身的目的去引導個體，像是海洋推動著波浪。你可以追求事業、談一段感情、教導或是療癒他人，透過你做的所有事情，你都會很清楚地意識到，自己的生命是受到「唯一」，也就是生命本身的引導與同化。

在第四階段，你不會像在第二階段那樣，用心去顯現隱藏的美麗、解決問題，以及讓自己的人際關係與工作更上層樓。你也不會像在第三階段那樣，被宇宙存在所吸納。現在的你，會請求宇宙透過你的心來發聲，引導你的生命，你會完全信任並臣服於心的引導。你不是在運用你的心，而是更大的心（Heart）在運用你。在這個階段，個人意志與神聖意志不再有任何衝突，因為神聖的意志會出現在你的心中，成為你本身的渴望。

除此之外，還有第五和最後階段，不過這兩個階段的內容只能透露給那些真正來到這裡敲門的人。

註釋

17 黃金定律就是：用自己希望他人對待自己的方式去對待他人。先知會用這樣的態度和處於思維階段的一般人相處。

18 榮格（Jung, 1981）。

第三章

實踐

實踐是什麼？

　　你認為自己人生中的各種境遇，是什麼造成的呢？是童年、運氣、認真工作，還是不可預測的健康好壞、別人對待你的方式、他人對你的行為的反應？或者是自然非人為的力量、神的恩典？神祕主義的觀點是，你面對的所有挑戰、所有讓你感謝的事情、所有追求的事情，都是透過你看世界的觀感而造成，這些就是你的實踐（realization）。當你的實踐更上一層樓，你的生活範圍也隨之擴展，你因此有機會接觸到更多向度的洞見、能量、人生目的與機會。上一章提到的三大問題，你的回答就屬於實踐的範圍。實踐會隨著時間和你對生命的了解而發展進化：你是誰？別人怎麼回應你？你有什麼樣的力量去改變事情？什麼事情是你無法掌控的？你的實踐是你到目前為止所有生命經驗萃取出的菁華，它無法被傳授教導，也不是某個單獨事件所造成。

　　舉例來說，假如你要蓋自己的房子，就要學習很多與結構、水電相關的事務。這樣的經驗可能也會讓你發掘某個面向的自己與世界，譬如你心中想像的空間可以部分付諸實現，就算不是全部；或是你因為看到一些具體的東西而激發創造力，然後發展出新的形式與架構。

　　如同上述的例子，實踐是不受特定人、時、地的限制所學到的東西。實踐是許多經驗累積萃取成的簡單真理，在你的心裡生根，影響到未來的行動。

　　你所獲得的任何實踐，立刻就會成為人類實踐的一部分。這不是

因為你學會了某件事，或發展出怎樣的技能，而是實踐在發生的當下，就會散播到全世界。因為這是個人發現了非個人的真相，所以每一個實踐對人類的理解與演化來說，都是必要的貢獻。

我們很難覺察自己的實踐水平，因為我們和自己的距離太近。然而，實踐對於你的工作、與他人的聯繫、回應、看待自身與世界的方式都很重要。實踐是超越理性的理解，無法用邏輯辯證表達，而且是我們信念系統與行為的基礎。實踐是深植我們心中的假設，以致於難以覺察。

想想看：有什麼是你毫不懷疑，也無法質疑，而且會自動依循的事物？

- 有人可能會覺得自己的成就大部分都歸功於運氣。失敗讓他知道，有些不可操控的力量會決定他是否成功。
- 也有人會認為只要下定決心，把想達成的事放在第一優先順序，孜孜不倦地努力，就可以完成任何目標。
- 有人覺得：「人基本上是值得信任的，每個人都值得我去尊重。」
- 也有人認為：「每個人天生都很自私。」
- 當生活壓力排山倒海而來時，我們認識的一位女性回到她已經實踐的認知，她這麼說：「事情永遠都有轉機。」這認知表達出她不可動搖的樂觀與信心。
- 另一個人遇到相同狀況，可能會覺得：「只有自己能幫自己，因為沒有人會幫助你。」這是真的，但上面這位女士的認知也是真

的。

● 國家與機構也會有自己的實踐水平。這樣的實踐會定義他們自己，並決定他們影響與貢獻的範圍。

為了達成自我完成的目標，我們可以辨識出九個步驟。每一個步驟都包含上一個步驟，譬如你來到第三步驟，代表著你已經完成第一和第二步驟。

實踐的範例

理查，單身、事業有成，尋覓佳偶中。因為他無法信任別人，每次談感情都非常受挫。我們可以說他的問題來自一個很愛批評的母親、感情不好的父母，加上早期交友一連串失敗，這個創傷經驗讓他對自己愛人與被愛的能力缺乏安全感，第一脈輪受損，當然還有其他許多原因。

所有可能的原因都發生在過去，到目前為止，來自生命經驗的結果就累積為他的實踐。過去無法改變，但他從自己所有的經驗萃取出的實踐水平卻存在於現在，而現在可以改變。本書的內容就是關於實踐：實踐的定義、步驟的順序、如何評估自我實踐此刻走到哪個步驟，以及如何邁向下一個步驟。

在靈性發展地圖上，理查屬於第一步驟，能給出暫時的承諾，但對人與人之間的關係猜忌且多疑。信任他人的能力，不會來自他想要獲得的戀愛關係裡，而是必須透過理查向內探索自己以及他值得他人信賴的特質，讓他的自我實踐有所進展。如果有個值得信任的

導師或老師來引導他，也會很有幫助。理查的實踐水平會影響他所有的人際關係，包括情人、上司、同事、家人與朋友。一旦他能進展到實踐的第三步驟，他會發現信任、支持、和諧、通情達理的關係，不管在哪裡都變得很容易。

瓊安是一個小鎮上的房地產仲介，大家都認識她，但她的人緣並不好，原因在於瓊安雖然很容易交到朋友，但朋友跟她熟識一陣子之後，就會感覺她突然變得冷淡。她的態度高傲，雖然是她主動邀請你一起晚餐，你卻覺得她好像看不起你。你在短時間內就知道她喜歡你，也因此一旦發現她看輕你時，感覺真的很不舒服。她的行為可以歸咎於缺乏歸屬感，而這可能是由於她的外國血統，或是與父親亂倫，或是富有。

我們會說，這些原因再加上其他經驗共同造成的影響，觸發了實踐的第四步驟，也就是瓊安會很快就看到對方的優點，但如果對方無法維持他在瓊安眼中的形象，瓊安就會覺得自己遭到了背叛。

凱倫是一位專職經濟學教授，在東部大學任教，地位崇高，論文著作等身。她的職涯生活塞滿了演講邀約、官方會議，還有顧問與委員會，所以聽到她這一席話時難免教人驚訝，她說：「我其實不懂經濟，而且我覺得其他人也都不懂。我信以為真的所有『原則』，頂多就是相對的真實，所以我只能說：『看狀況』。」她無法享受自己多年累積下來的名聲，反而變得毫無鬥志、憤世嫉俗。是中年危機、慢性疲勞，還是憂鬱症呢？祕士會說，在非常成功之後進入這樣的實踐步驟，是很典型也是必經的過程。這是一個人為了從相對真理轉化到普遍真理的過渡階段。凱倫所經歷的是實踐的第六步

驟，一個在極大成功後進入的更高階段，此時，所有的成就變得毫不重要，甚至讓人羞於啟齒，因為發覺自己以為知道的事，其實是假象。

實踐是靈性成長的度量衡

生命就是成長，生命推動著所有活著的存在成長。我們的生理、思想、情感和靈性每一個層面都可以成長：生理成長的度量衡是身高和體重，靈性成長的度量衡則是實踐。你的想法充滿好奇，你的心渴望情感的連結，而你的靈魂想要表達自我、發揮並擴展潛能。

靈性成長的證據在於你能夠引導自己的思想、心與靈，而這個技能只有在你充分理解了自己頭腦思維、心與靈的特質之後，才有辦法發展出來。通常我們先是抵達某個實踐的步驟，然後經過一段時間的整合，才開始將實踐落實在行為中。舉例來說，在實際生活中讓心可以運作，首先需要內在對心的存在與力量有所理解。有些人已經走過這些步驟，並且超越你現階段的步驟許多，他們可以感知這些步驟的無形徵兆，甚至在這實踐的步驟被落實為行動之前就可以辨識它（參見第二十二與二十三章，對於實踐的徵兆有更多討論）。

實踐的運用

實踐的開端，是內在的經驗、感覺、渴求、欲望、對於事物幽微

的理解，然後發展成一種信念與無法否認的覺知，等到實踐能夠在你的人格中實現時，才算完成這個步驟。舉例來說，你可能相信所有人都相互連結，我們可以接收到別人的感覺，但還是以一種傷人的方式說話。這種對於連結的信念，要進一步發展才會成為對於連結的實踐。在信念進展為實踐時，你會察覺到自己說出的話，不僅傷害到對方，也讓自己很難過。因此，進一步的發展，就是無時無刻很自然地用讓自己和對方都感覺舒服的方式去對待他人。

將實踐顯化在行為中，可以強化並豐富你的實踐；你的外在經驗會影響你的內在經驗。

實踐與技能（skill）不同。所有的技能都是透過天賦、練習與老師教導而來。學習獲得某種技能，像是音樂、籃球或繪畫，經常都會導致實踐，例如美麗應該是創造出來，而不是被發現的；堅持與專注是成功的必要條件等。一個優秀的籃球選手，固然了解團隊合作的重要，但未必了解對於他的隊友、妻子和小孩來說，讚美比抱怨產生的效用要好太多。

如果一個人擁有很高超的技能，但是自私、性急又不尊重他人，那麼他應該是還在很低程度的實踐。

你在實踐步驟的進展程度，可能在生活的不同領域裡都不一樣，我們主要檢視的是以下四個生活領域：（1）靈性、（2）人際關係、（3）成就，以及（4）健康。靈性的實踐程度永遠是所有層面中最高的，舉例來說，也許你的工作成就是舉世聞名，但還是不尊重另一半；又或者是你的人際關係經營得很好，工作上卻一事無成。

個人轉化的原則，是靈性實踐上的進展，因為這會擴展到你的人

際關係、工作成就與健康狀態，譬如你只要感覺到心的力量，你的事業就能充滿創見與勇氣，可以展翅高飛。

第四章

每個步驟的效益

思維（第一階段）是很重要的工具。隨著思維的發展，我們能夠分辨異同，分辨人的臉孔與聲音，並對事物進行比較。但這種批判的眼光落在他人身上時，我們就會覺察到對方與自己的不同與優劣，因此強化了分離與獨自的感覺。如果是用批判的眼光檢視自己，自身的缺失就會被放大。然而，心的發展則是讓我們接受並擁抱他人與自我（第二階段）。

思維〔第一步驟〕

思維負責處理替代方案並做決定。自己能夠做出決定的能力，就是進入個體化的第一步驟。選擇其實是做出承諾，這是一種強力的個人宣言。就算最後發現決定錯誤，能夠對某個人或某件事做出承諾其實就是很重大的進步。這樣的主動性賦予我們力量，擊潰無助與受害的感覺。如果連自己想做的事情都無法做出承諾，那麼就只能受到他人的決定影響，與受他人的擺佈。要能自己做出承諾，才能掌握自己的命運。

思維〔第二步驟〕

第二步驟會透過逆境來測試你所做出的承諾，藉以增加承諾的韌性。當我們行走這條路上，遇到第一個坑洞的時候，不免自問是否走對了路。接二連三迎面而來的坑洞與困難，可能讓我們退縮回頭，或是讓我們向內找尋堅定不移的信念來克服阻礙，重獲自信。

不管你做什麼，都會遇到阻礙；阻礙是為了要讓你加強自己的決心與毅力。

思維〔第三步驟〕

決定不再更改、內心也不再掙扎後，思維就會變得比較平靜，焦慮與擔憂也會消失。平靜的思維是非常好的同伴。

但如果因為決定與承諾搖擺不定，導致頭腦無法平靜，那麼就可能會失眠、擔憂、恐懼、困惑、自我價值低落，並對自己的決定反反覆覆。特別困難的狀況，是你需要他人證明他們愛你的時候。這樣的測試可能會長達好幾年，直到你最後確認自己被愛，或是不被愛。

第三步驟達成時，會顯現出專注力、意志力、自我掌握，以及滿足的感受。

心〔第四步驟〕

開放的心是一種極為戲劇化又情緒化的經驗，充滿了喜悅與奧妙。因為打開了一個情緒豐富又神奇的新世界，讓這個階段充滿不穩定。打開你的心，你就會知道自己的理想，也會對現在的狀況感到非常不滿。不過一旦你看見了全彩的世界，就不可能再甘於只有黑白。

到了第四步驟，你對於人生截至目前所達到的所有成就，感覺都

很微不足道。你會產生一種想要徹底改變自己的欲望，好讓自己能夠符合這個新的人生觀點。你也開始感受到生命的目的，覺得你的生命擁有特殊的意義，你是被創造出來的，而且準備獻上你獨特的貢獻。有些人會因此犧牲工作或人際關係，以回應、追求這份新的覺知與開展新的可能性。也有人因而更加珍惜周遭的人事物，因為他們覺醒了，看到這些人事物所代表的深刻的美麗與意義。

心〔第五步驟〕

思維的智慧背後，有著情緒的智慧。在第五步驟中，創造力會駕馭著情緒的智慧，讓你將熱情的力量應用在偉大的挑戰上。第三步驟中感受到的成功與滿足，在第四步驟變成了渴望，而現在則變得無與倫比地強大。你擁有無與倫比的信心，而且成為名副其實的專家。

這個步驟達成時，會顯現在你實踐了你的理想目標。不只全世界看見你成功，你也覺得全世界都應該為你感到驕傲。你的成就不只代表堅持、勤奮與紀律，你朝著自己的理想邁進，也認真地完成。

心〔第六步驟〕

第五步驟展現的專業，是個人力量與發展的巔峰，這個方向的演化至此已到頂點。矛盾的是，你的成就現在變成了最大的缺陷。你完成的目標與擁有的卓越成果，反過來定義你，造成對你的限制。

你還有非常多的潛能有待發掘，但卻被之前發展得很好的這部分所掩蓋。想要超越你已經完成的目標與充分發揮的潛能，就必須把之前學到的個人力量丟掉，這樣才能探索之後可以獲得的非個人的力量。只要你願意交出你之前創造的自我，到了下一個步驟，你會發現那個充滿創造力的自我。

許多人都想超越現實，渴望經歷無限與永恆，觸及看不見的世界以及外在形體背後的靈。這個步驟是為了接下來更宏偉的經驗做準備，因為下一個步驟的經驗不再是個體的認同可以容納的範圍。宇宙只有宇宙本身能夠體驗，要感覺宇宙，你就必須和認同宇宙。然而你願意感受所有人類的感覺嗎？如果你只願意感覺部分的現實，譬如你只要喜悅的部分，那麼你經驗到的就僅是喜悅與恩賜，而不是真正完整的現實，而且你會繼續渴望體驗神的臨在（the Presence of God）（第三階段）。

靈〔第七步驟〕

第七步驟的益處，是讓你一直以來汲汲營營追求的經驗完全征服了你，這甚至包含你懷疑能否到達的境界。你看不見的世界對你展開，你會看見神的容顏：每個生命的內在存有、每個靈魂之光、被隱藏的美麗，還有包容所有創造的無條件的愛。這種開放的狀態讓你深深感到滿足、榮耀、謙遜、衝擊與迷惑。

這樣的經驗即使只發生一次，也都會是生命中的高峰；但祕士會希望這樣的經驗能夠重複並穩定發生。一開始合一的經驗很難與生

命中的二元性融合，但透過一再發生的高峰經驗，就能夠統合成雙重的現實：個體與整體（universality）同時存在。

靈〔第八步驟〕

第八步驟給予你一個可以全心倚靠、萬無一失的指引。你和自己的心的關係已臻成熟，你信任你的心甚過你的思維。現在你能夠做出邏輯無法判斷支援的決定。對於那些還在先前幾個步驟的人來說，這感覺很危險，但此時聽從心的指引對你來說卻是最正確、可靠與實際的生活方式。

第八步驟會發展成祕士稱之為「仰賴神」的狀態，如今它有了非常確實的意義：完全依靠心的指引與力量做出決定與選擇。如果與心之間的連結不夠穩定，無法做到隨時詢問並獲得回應，就不可能產生這樣的依靠。當雙向的溝通變得穩定，依心而活才會變成唯一能夠接受的生活方式。

靈〔第九步驟〕

合一的經驗終於融入了你的人格。為了讓生活得以運作，你還是可以在二元與合一的狀態之間隨時轉換，但屬靈的臨在經驗永遠與你同在：靈會自然地進入你的意識，你也可以從容地召喚靈前來。

前進到這個步驟，你會感覺相當愉悅，沒有追尋者常常會出現的感覺，如壓力、渴望或抱負等等。現在這就是你的自然狀態、是

你的家，是你一直以來的所追求的。你的人格已經完整，完成了自我實現的目標；不需要再為了任何事情責怪任何人，不需要恐懼或自我懷疑。生活變成恩賜，自由奔放，不需任何保留。他人的沮喪與焦慮教你感同身受，但自我卻不會因此受到影響。你同情受苦的人，受到深深的觸動，但不會因為他們沮喪的原因而感到沮喪，也不會因為他們開心的原因而感到開心。生命充滿無限的驚奇，每一刻都會發現唯一的存有（The One）以各種不同的面貌出現。

為靈服務，第四階段〔第十步驟以上〕完成了第九步驟後，你開始被賦予力量，在宇宙的舞台上演出，做出重要的貢獻。這個階段所面臨的挑戰不再屬於個人層次，而是在你的內心反映出人類整體的掙扎。你不會獨自工作，其他同樣感覺到這個關鍵時刻並且想要改造人心的人，會和你一起工作。你們結合你們的努力，運用意識操作精微能量所造成的效果，其他人可能毫無知覺，甚至以為與當下緊急的狀況無關。這可能會讓你的工作顯得很不尋常，對他人來說十分神祕難解。

一位祕士曾說：「如果神讓你看到祂讓我看到的事物，你現在就不會從事你目前的工作了。而且，如果神沒有讓我看見祂沒有讓你看見的事物，我現在也不會從事我目前的工作。」（Al Hallaj, d. 922〕）[19]

註釋

19　瑪西尼翁（Massignon, 1994）。

第五章

每一步驟的引導方式

如果要舉例說明實踐的步驟如何影響到實際生活，可以想像自己是治療師，個案來找你諮商，抱怨朋友的所言所行。你的建議必須適合個案的狀態，也就是他們在靈性道路上目前達到最高的實踐那個步驟。如果你從較低的位置提出建議，個案會覺得受到屈辱或被小看。如果你的建議超越了他們目前所在的位置，個案也許可以獲得啟發，但還是無法將你的建議應用到生活裡。如果個案的行為超越他們目前可以實踐的程度，這行為便無法保持穩定，期待他們有穩定的表現也很不切實際。但是我們可以利用這樣的狀況，讓個案了解心的發展步驟，幫助他們練習或許是比目前的位置更進一步的回應，而不是繼續沿襲舊有的回應方式。

第零步驟

個案如果連第一步驟的承諾都還沒達到，可能會覺得：「我不需要這樣的朋友，從現在開始我要離他遠一點。」我們絕不鼓勵這樣的想法，因為這個個案需要學習尊重友誼。

第一步驟

如果個案願意發展友誼，不論那個承諾是明確表達了或是隱約表現出來的，我們要鼓舞個案做出的承諾，你可以這樣對個案說：「**你說你想和她當朋友，所以要記住，她的問題不是你的問題。為了你自己好，看看能不能維持這段友誼。**」在思維這個階段，我們會把

他人看作與自己無關。個案如果處在這種實踐的最初階段，你要做的就是讓個案能夠從發展友誼這件事當中獲得助益。在這個步驟，要強調的是讓個案劃出清楚的人我界線，專注於自己的問題。

第二步驟

朋友會以測試友誼的方式來強化兩人之間的關係，所以一開始當然會出現一些不同的意見或行為，甚至在整段關係之中都不斷在碰撞。舉例來說，平常總是準時出現的人突然遲到了，目的就是測試你是不是願意等他。如果你願意等，他在這段關係中就會感覺比較安心。如果你不願意等，他會知道如果發生了什麼緊急狀況，你就不是他能夠信賴的人。所以我們可以告訴個案：「**他在測試你，不要在意他的行為，而是讓他知道你很看重這段友誼。**」個案會因此而接受測試對於一段關係的建立是必要的，而他也會測試他的朋友。

第三步驟

如果個案通過了朋友先前的測試，顯示彼此對這段關係都願意承諾，兩人也因此變得更加親密，我們便可以說彼此有爭執不是測試，比較像是朋友在表達自己的需求。對個案來說，要抵達第三步驟，一個人必須能夠了解朋友的需求。建議個案試著體會朋友的心情：「**想想看，如果你是那個生氣的人，你希望朋友幫你做什麼。**」

還在思維階段的人，最多只能期待他們能夠互惠互利。這是經典的黃金原則：「想要別人怎麼待你，自己就要怎麼待人。」這樣的建議很合理也很公平，所以大部分人都能接受。但如果個案對待朋友保有開放的心，或是對朋友充滿愛，她可能會對你說：「你是希望我像個二手車業務那樣對待我親愛的朋友嗎？一定要隨時想著公平這件事嗎？」這樣的個案已經準備好接受第四步驟的建議。

第四步驟

當心被觸動，你給予的建議就必須從理解的角度，轉換成同理與寬容。在這個階段，遇到的任何情況都是練習運用心的機會。建議個案從心的角度來看所有的事情：「**牢記你對朋友的欽佩與尊重，不要讓他的心背負批評責難的重擔，用讚美激勵他。**」舉例來說，如果朋友反應很慢的話，我們可以說：「我好想知道你的想法，你的觀點通常都非常精準。」能用讚美代替責難，可說是人生偉大的成就之一。在這個步驟，只要你的心能夠看到朋友的心的特質，就能夠給出真摯的讚賞。

第五步驟

心的力量會在這個步驟浮現，提供足夠的能量鼓舞他人的心。個案現在能夠看出朋友的行為只是因為心暫時變得軟弱了，每個人都有這樣的時候。處於這個步驟的人會專注於自己如何幫助其他人表

現自我，釋放團隊的潛力。這不是「應該」，而是個案感到自己的心具有強大的能量與渲染力，所以自然就會這麼做。告訴個案：「**你知道該怎麼啟發並鼓勵他人，現在告訴我，你要如何讓這段關係繼續下去？**」

第六步驟

第六步驟的心非常敏銳，也熟悉人類的所有情緒，所以對任何人都具有同理心。不管朋友遭遇了什麼，個案都能夠認知並感同身受。這樣的個案，你可以勸告他：「**當你感到對朋友的某些地方令人惱怒的時候，你也可以在內在發覺這令人惱怒的自己。**」

這句話我們常常聽到，大家也多半會點頭同意，可是卻很少有人真的有過這樣的經驗。對大多數人來說，這樣的建議其實是超出自己的可以實踐的程度，最後因為無法真正運用，只好選擇忽視或是因此產生罪惡感。適合給予這種建議的人，不僅要願意幫助他的朋友，而且可能方法細膩到對方沒有注意到，他這麼做是出自深刻的同情，沒有一絲一毫的優越感。

第七步驟

個案如果能夠體會並實踐合一的靈（one spirit），他們的個人生命就會變成「合一生命」（the one Life）的一部分。個案對任何人所說的任何事，都是在與合一的靈對話，也就是所謂的整體能量

場或「合一的存有」（the One Being）。個案與朋友的關係，在另一個層次上來說，是唯一的靈與祂自己之間的關係，合一的靈自己會從這樣的互動經驗中學習。事實一向如此，但只有對靈已經可以體會並實踐的人才明白這個意義，否則這樣的概念還是只能私下討論。

對於有此實踐的個案，你可以提醒他，他和朋友之間的關係，其實具有更廣泛的意涵：「**你們兩個正分別以各自的原型與實踐的方式一起跳一支舞，不管你們最後私下是怎麼解決你們的問題，你們的解答方式會納入人類知識的一部分，在未來幫助擁有類似原型與實踐水平的人解決類似的問題。**」（審閱按：這裡所闡述的概念，如果以合一的意識來解說，或許更容易明白。合一的靈，合一生命，合一存有，就像是三位一體，貫穿所有的存在。我們每個人都是其中的一部分，也都是共同創造者，因此，在這個階段，不再有你我的界線之別。我們與他人的互動和關係，就是與這個合一的意識的互動與關係）

第八步驟

到了第八步驟，個案能夠有意識地與靈互動，接受合一的靈的引導，讓自己與朋友合而為一。你可以告訴個案：「**和朋友見面的時候不要說話，讓你們的心與靈對話，也讓靈與你們對話，引導你們和解。**」

這樣的對話不是告訴對方你想要什麼，而是兩個人開放且真誠地請求指導的靈前來協助。如果還沒有到達這個實踐範圍的人，這樣

的對話只會變成裝模作樣的陳腔濫調，兩人一再重複之前所提過的意見。但如果兩人都能實踐靈、體會靈，這就是與「整體之心」對話的絕佳機會。（審閱按：這裡指的是個人之心之外，有個更大的整體的心，涵融所有的一切）

第九步驟

處於第九步驟的個案會明白，對對方有效的解決方式，對自己同樣有效。個案會覺得：「你的最佳利益與我的最佳利益之間，其實沒有差別。一個對你真的有益處的解決方式，一定對我也有真正的益處。」面對這樣的個案，你只需要提醒他：「**你和朋友之間的關係，代表你與神之間關係。**」如果個案對任何人或事有所抱怨，這樣的抱怨其實是針對靈、針對神。宇宙創造的任何一個層面，都是宇宙自身的展現，你的朋友就是神的展現。「在你的朋友身上尋找神的崇高偉大，即使是在朋友被激怒的時候。」

第十步驟

處於第十步驟的個案，不太可能會抱怨自己的朋友，但當別人批評他時，還是會在他的心上造成負擔。他知道自己對他人而言代表靈，因此他人與靈之間的關係會反映在他身上，所以他會不斷地嘗試去解決紛爭。

認為靈很神祕的人，自己也會變得神祕；覺得靈很可怕的人，自

己也會變得很可怕；喜愛靈的人會變得親愛；害怕靈的人，則會變得膽小。我們可以對這樣的個案說：「**與你的朋友連結，就如同無所不在、兼容並蓄的靈和他的連結。**」如此一來，你是以靈的代理人的身分，幫助朋友和靈建立一個平衡而成熟的關係。

當你對朋友有所抱怨時，會給自己什麼建議？

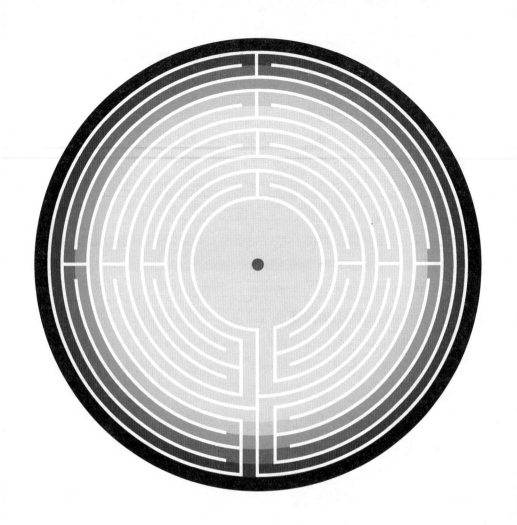

第六章

生命就像一場旅程

前來、尋找，這就是幸運的基礎：

每一次的成功都奠基於專注的心

——魯米（Rumi）

生命的確就是一趟旅程，而旅程有許多里程碑。如果你的人生是一本書，每一章會在哪裡結束？從哪裡開始？如果你的人生可以畫在地圖上，重大方向的改變或重要的道路會出現在哪些地方？

當你第一次將自己的旅程劃分成段，或是將自己的故事分出章節，大概都會用外在的事件：上大學、畢業或輟學、結婚、換工作、生小孩、搬到人生地不熟的地方、結束一段親密關係，還有其他類似的大事。

但是靈性發展地圖記錄的不是外在事件，而是隨著不同實踐產生的內在改變，之後造成態度的改變，然後是行為的改變，最終導致的外在事件。最重要的是內在的改變，而實踐所造成的無形改變，則會先於生活狀態的有形改變。

人生的里程碑，可能是快樂、力量與成功的巔峰，加上突破性的新視野。另一個里程碑，可能是失望、失落與失敗的低谷，或是一段內在反省與臣服的時光。兩種里程碑都很重要，合起來才會走出一條路，就像左腳踏出一步，接下來便是右腳踏出另一步。我們說是循著道路前進，這是一種以陸地為比喻的說法。這個人生旅程其實更像是在海上航行，隨著海浪的節奏，高低起伏，帶著我們朝海岸前去。

路途上的波浪

我們可以把這趟旅程畫成波浪的形狀，就像第二十六頁的圖一。或是許多的半圓，像圖二（見第七十二頁）那樣，往上代表勝利，

往下代表臣服。

打個比方，在我們持續進化的過程中，波浪的高低起伏會相差越來越大，半圓的弧形變得越來越長，這個變化也呈現在迷宮的圖形，當愈靠近中心的時候，反而曲度變得更大，似乎更遠離中心。這兩種圖形，除了有明顯起落之外，也有持續前進的狀態，雖然可能不是很容易看出來。圖一中，波浪是往右前進。圖二中，半圓則是朝中心前進（關於迷宮更多細節的討論，請見第八章）。

從這樣的角度去思考自己的人生，可能會發現我們共同享有的那些里程碑。也許我們沒有都上大學、都結婚，或都生小孩，但到目前為止，我們都經歷了一連串的內在改變。要畫出人生的旅程，不能把對個人具有特殊意義的外在事件當成地標。這樣會像是旅遊書在告訴旅者如何橫越美國時寫道：「羅賓森市場右轉。」如果旅者走的是另一條路，或者羅賓森市場拆掉了，或是讀者選擇搭飛機呢？我們希望標示的里程碑，是每個人都會在路上經過，而且是屬於內在而不是外在的改變。

當你回想截至目前的人生旅程時，能否分辨出旅途上令人鼓舞又雀躍的路段，緊接著是教人無比失望的部分，然後再通往另一個比之前更開心的境遇呢？

路途上的阻礙

每一個實踐的步驟都有其規則與挑戰，不管是透過對熟悉事物的

滿足，或是對未知的恐懼，都會讓旅行者羈留不前。要脫離一個階段邁向下一個階段時，需要勇氣、力量與動機。

階段之間的轉變，差別就和在陸地上跑步與在水裡游泳那樣巨大。你可能知道怎麼跑才會快，但這並不能幫助你在第一次進入深水區、完全碰不到地面時做好準備。理解能力已經有所發展、但心還沒有發展的人，在從一個階段進入另一個階段時，做決定、與人相處、處理壓力、審美的標準等等，通通都會改變。思考、感覺與行為完全不同，就像是活在不同的世界一樣。

大部分人都是毫無覺知地走在人生的道路上，讓成長的自然力量推著向前。身體會自己變得成熟，頭腦思維會在懂得專注之後發展，你的心也會因為愛的滋養而自然成長，靈性的進展無可避免地會在生命的盡頭發生，就算沒有在那之前就出現。不過成長的速度可能十分緩慢，甚至有時停止成長長達數年或數十年的時間。如果是有意識地踏上旅程，成長的速度就可以變快，在很短的時間內來到充滿靈感、喜悅、無懼與平靜的階段，而這是很多人花一輩子都做不到的事。

十三世紀的詩人庫斯洛（Amir Khusro）寫道：「旅人，要小心，路途上有許多陷阱，還有許多強盜與山賊。」[20] 陷阱就是一些我們會誤認為是真正快樂的歡愉，以及懶惰與妄想的撫慰。成長需要改變，改變很不舒服。我們會催眠自己，告訴自己已經盡力發展完整，或是前方沒有路了，或是不可能再進步。沿路的強盜與山賊則是對於下一階段的恐懼，這裡所說的一切，都正在浪費我們珍貴的生命能量。

我們看過太多人基於害怕生活受到攪擾、擔心失去某些東西，或感覺自己進入新的階段後，就無法再與現在的朋友連結等原因，即使他已經打開下一階段的大門，卻又把門關上。也有很多人想要進入人生的下一階段，但卻沒有足夠的能量，也許是他們的身體或心理不夠健康，或是成癮症狀剝奪了他們的意志力，又或者是過去的人際關係削弱了他們對人的信任。想要克服這些強盜與山賊，可以透過對靈性發展路途的知識，搭配心律轉化法的練習來恢復心的能量。

　　成長是宇宙最重要的願望與使命。所有的生命都有這樣的需求，希望能成長、探索，並實現所有潛能。因此，成長就是所有幸福的來源，拒絕成長則會造成各種的痛苦。由此我們得知，了解成長的過程，並深入靈性成熟的層次，是如此重要。

　　就和任何旅程一樣，我們不會一直往前走，可能是前進之後又回頭；有開心也會有失落；有些進展看起來像是瓦解，有些則看起來像是突破。波浪輪番起落推動我們向前，下坡和上坡一樣可以有效地產生向前的動力。

　　人性有一種自然的傾向，希望能從一個成功跳到下一個成功，像是從一個浪頭的浪峰跳到另一個浪頭的浪峰，而不會掉到兩個浪頭中間的波谷。但是，心珍視所有的情緒以及路途上的一切遭遇。我們把這條靈性發展的路途畫成有著一連串高低起伏的波浪，或是一個有著許多轉折的迷宮，因為我們知道倒退是為了下一次前進做準備。我們的信念在下坡中備受測試，我們的自信則在上坡時更加肯定。人生道路的這兩大部分，都是必須且避免不了的，而且對於學

習過程來說彌足珍貴。

你可以換工作、換房子、換朋友或伴侶，但除非內在的實踐更新，不然其實沒有真正改變任何事情。內在的實踐如果改變，會讓一切變得不同，即使從外表可能看不出任何改變。

有一名學生曾告訴我們，他曾經很熱衷運動，過去一段時間裡訓練十分密集。後來發生了兩件意外，結束了他的運動員生涯。我們問他，在意外發生之前，他有沒有感覺到任何內在的改變？這種改變通常會在事後看得更清楚。他是不是覺得運動方面的成就對他來說不夠？還是有其他的願望在他的心中萌芽？他想到的是結束運動員生涯之後才認識的朋友。雖然我們不想對事件做出特定的詮釋，還是希望提醒他，外在的改變，即使巨大到像這種會造成傷害的嚴重意外，只會在內在改變發生後出現。他的情況感覺起來更像是內在改變沒有受到重視。另外一名曾經也是運動員的學生有著類似的經驗：她的運動員生涯因為生病告終，但在受到病毒感染之前，她的內在生命的確發生了一些變化。在寫出自己的里程碑時，要記住這一點。

使用心律轉化法來專注於自己的心，也就是坐下來進入非邏輯情緒智能的狀態，就可以寫下真正的生命故事，這不是你對外訴說的版本。書寫的時候不要限制自己，只要一直寫下去。讓你的心把你的故事講出來後，檢視一遍，尋找在方向、目標或理解等方面的重大改變。看看究竟有幾個決定性的轉折點，而這些轉折點之間的旅程又有多長的距離。對於每次的曲折與轉彎都要感到驕

傲，畢竟你的道路讓你來到了現在所在之地——這裡非常美好，
而且會引領你前往更美好的地方。

註釋

20　庫斯洛（Khusro, 2008）。

第七章

最偉大的宣言

「我願意」是你能做出的最偉大宣言。為什麼？因為這句話建構了你的個體性。行使個人意志，是按照自己的決定去對抗或補足自然的力量。這是聲明再加上以行動表明，創造者賦予創造物的力量，一種共同創造的力量。

「我願意」對於我們對靈性發展地圖的理解非常重要，因為這句話擁有四層意涵，分別對應成人發展的四大階段。

第一階段：思維（The Mind）

「我願意」代表了承諾主動去做，改善自己的狀態或所處的狀況。這是一種讓自己振作起來的決心。在這個發展階段的早期，我們會基於自己想要什麼，因而願意去做什麼。表達個人決心最基本的宣言，就是宣告個人的欲望：「我想要。」我們從牙牙學語的時候就開始說這句話。大家都知道，兩歲幼兒會用「不要！」、「給我那個！」來表達他們的需求。從「我想要」轉換成「我願意」，就是邁向成熟的一大步，負起責任達成自己的願望。於是，「給我餅乾」變成「我會從罐子裡拿一塊餅乾」，甚至是「我願意自己烤餅乾」。

這個層次的意志，通常是以意志力的方式顯現：一個堅定、忠實、焦點集中的決心，需要紀律與專注。學會有意識地引導並將思維專注於你想要的事物上，就能獲得世間所謂的成功——這是前三步驟的任務，就從對你想要的事物做出承諾開始。

第二階段：心（The Heart）

　　更成熟的階段，是對「應該」發生的事情負起責任。現在「我願意」變成了對其他人、對社會，或對自己的承諾，要做出正確的事：作出行動幫助他人，為整體服務，或是行為高尚偉大。這個階段之所以會產生，是因為自我概念，也就是「我」的意義擴展到超越了個人的意義，因此你自然會將他人的需求與願望納入自己的考量。這種擴展是心正在發展的指標。

　　因為現在心驅使著意志，所以心理的意志力增加了許多能量。專注非常耗能，但我們現在充滿熱情，很容易保持心思平和。蘇菲祕士常說：

　　永遠不需要提醒情人互相想念，因為情人無論在何處都會看見心愛的人。

第三階段：靈（The Spirit）

　　願意的下一個階段，是讓生命想要發生的事情發生，並讓自我盡可能與之和諧共鳴。這需要更加擴展的意識，超越對朋友與環境所需的敏銳，而去感覺到生命整體背後的意圖。

　　為什麼「我願意」當中必須有「我」？難道「我」能夠控制天氣，或者是自己家裡發生的事情嗎？是因為我很開心能享有這份殊榮，讓生命能夠與我對話，告訴我祂的意圖與渴望。

第三階段同樣需要你的意志力。你必須記得隨時與「合一存有」同調，保持充滿活力的狀態，以及記得自己過的是誰的生命，如此一來你的決心與付出才能提升至靈的層次。

第四階段：為靈服務

「我願意」可以擴展到變成和宇宙的意志恰好同步。所以現在是整體存在透過工具，也就是啟蒙的個體，說出「我願意」。這不是被動宣稱：「願祢的旨意成全。」基督教祈禱文的詮釋基本上是錯的。《波斯古經》（Zemdavestas）的拜火教祈禱文說明了第四階段的狀態：

讓我成為改造世界的工具。

同樣的意志也可以在聖方濟祈禱文中看到：

主啊，讓我成為你傳遞和平的工具。

在第四階段，自我是神聖意志的工具，受到內在浮現的指引前行。神的意志和你的意志絕對不會有任何衝突，因為神的意志透過你執行，變成你的意志呈現出來。自我再度浮現，成為宇宙意志的流露。

你對自己的看法

意志擴展的四個階段，與你對自己的看法的四個階段相對應，隨著你在靈性發展的路上前進。

1. 以頭腦思維的觀點來說，它會透過一段距離來觀察自我，並抱持著相當的懷疑。這就很像是航行在湖面上，不知道水底下有什麼生物在游動，希望湖水深處的東西永遠不要跑出來。水手可能對於二次元水面的航行十分熟練，但如果要探索整個湖，大部分的領域都屬於未知。甚至有些水手根本不會游泳！

我們不能無視湖水的深度。活著，而不意識到自己的心，的確是可以，但是並不好，也沒有辦法永遠如此。湖底下有著暗流，會在湖面產生巨大的波浪，甚至漩渦。雖然水手可能想無視湖水深處的力量，只滿足於湖面吹過的風（世界的力量），但內心深處的力量仍然會神祕地吸引所有的一切。

比喻只能說明到此，因為心和湖水不一樣，心會直接影響天氣、水手與船。我們可以無視於自己的心，但我們依然住在心的轄區，因為心收容了我們珍愛的每個人與每件事。

以思維為中心的自我觀察，會在我與非我之間劃出清楚的界線，和免疫系統必須能夠分辨出哪些是自體的細胞，哪些是外來的侵入細胞一樣。然而，免疫系統遇到一些狀況時就無法分辨，像是病毒感染、生病，或是自體細胞變異成的癌細胞，於是不會產生排斥；思維也是如此，因為自我不同於他人，是一種人為的概念，而不是現實。

2. 心打開以後，你對自己的看法就會產生巨大的改變。透過心眼看到的所有事物都和以前不一樣。因為心反映了靈魂，於是心成為能夠經驗到你的本質，也就是你的真實自我的入口。除非心打開了，不然一個人無法有意識地去經驗「真我」，也無法得知自己生命的特質或目標。

如今，透過以心為中心的意識，就可以經驗生命裡裡外外的神奇與榮耀。你可以看到自己反映在周遭的形體與存在中，也可以感覺到自己的心如何吸引並塑造這些形體與存在，自我的界線因此變得模糊，自我與他人不再有隔閡。在日常生活中，你就可以感覺到與他人深層的連結，有時候甚至可以感覺到不只是連結，更與對方的存在互相滲透。因此，你的自我的擴展可以分成兩方面：（1）朝向無限、完美、永恆的本質，也就是你的靈魂擴展，（2）進入自我與他人融為一體的經驗。這樣的擴展對於人類心理有著深刻的影響，並帶來巨大的快樂與成功，還有極致的困惑。

3. 自我的概念再度擴展，融合了無所不包、無所不在、不帶個人色彩的靈，也就是所有存在統合的基礎。從你的角度來看，就像是一個演員在生命的舞台上，扮演所有的角色。也就是說，透過我們發現了自己的無限，宇宙也發現祂自己。我們繼承了整體存在渴望自我完成的宇宙激情。

4. 但我們並不僅是欣賞宇宙交響樂的觀察員，我們是參與其中的獨奏者。在這個樂團裡，我們每個人都負責演奏一項獨特的樂器，好創造出神聖的作曲家與指揮家想要的音樂。我們一起創造的振動就是星球天際的音樂，然而這也是我自己的音樂，是我全神貫注在

天際之歌時所選擇演奏的樂音。

這種自我概念循序漸進的發展，其實是一種智慧的擴展，早期階段會被後期階段整合進來，並取代了自我是由各自獨立的部分——像是頭腦與心——組合起來的概念。我們所謂的「心」其實也包含頭腦的思維：思維是心的表面。而我們的神聖經驗，則包含了我們自己這個人在內，並沒有所謂的「他人」。

愛的發展

同樣的擴展也適用於愛：

1. 第一階段就有愛，但這裡的愛是以自我為中心，而且很實際；通常是對愛的思考，而不是沉浸在愛中的感覺。這裡的愛會是「我喜歡你對我造成的影響」，或是「我喜歡和你在一起時的我」，或是如傑克・尼克遜（Jack Nicholson）在電影《愛在心裡口難開》（As Good As It Gets）中說的：「妳讓我想成為一個更好的人。」

2. 哈茲若・音那雅・康說，**愛讓人說出：「是你，不是我。」**兩顆充滿了愛的心在交換了彼此的愛之後，就不會再想到自我。不會計較輸贏，也不期待回報。你的愛沒有任何理由，也沒辦法有什麼理由。

3. 在靈魂的階段，你會了解：「我所愛的，是每一顆心裡的宇宙之心與一切存在之心。」被愛的就是你的大我（Self），兩者合一，毫無區分。合一的存有會顯現在每個人身上，雖看起來不同，但本質上相同。

4. 在這個明白自己其實是靈魂的工具的階段，是你將神聖的愛透過自己的心延展到其他人身上。靈會透過你來愛那些你所愛的人。

靈性發展地圖分成這四大階段：思維、心、靈與為靈服務奉獻。此時此刻，判斷自己屬於哪個階段，會比判斷自己屬於哪個步驟要來得容易。不過在我們更仔細地討論靈性發展地圖之後，就會對步驟的內容更清楚。

第八章

迷宮

靈性發展地圖的前三個階段，分成九個步驟，我們可以運用迷宮圖進一步說明。圖二是法國沙特大教堂（Chartres Cathedral）地板上的中世紀圖案，一個典型的十一層環狀迷宮，包含了靈性成長之路的形式編碼。這樣的迷宮不是一般的迷宮，任何人從底部進入，只要持續向前走，就會來到迷宮中心，不會走錯路或遇到死巷。

想像用你的手指來走這個迷宮，從底部開始，跟著數字移動。在這個圖中，數字標示出每個步驟結束的位置，再往前的距離則是下一個步驟的開始。你馬上就會注意到轉彎和扭曲，也會知道自己有時候快速朝著中央，也就是目標前進，有時候卻是朝著與目標相反的方向去。先是靠近，然後遠離，就像潮起潮落一般。走在迷宮當中，你會感覺起落擺盪的程度逐漸加強。進入這樣的情緒變化，感受它，那無異是生命的絕佳隱喻。

為了理解迷宮與靈性發展地圖的對應關係，我們把代表九個步驟的數字標示在迷宮中。迷宮這個圖案已經使用了數千年，遠比沙特大教堂更早，但其意涵與靈性道路之間的關聯仍然無人知曉，只在師徒之間流傳。就

圖二：靈性發展地圖與迷宮

我們所知，此書是第一次將隱含於迷宮中道路的步驟公諸於世。

迷宮也可對應第三章第二十六頁較為簡單的波浪模型，只是包含了較多細節，呈現出靈性道路如何從這一步走到下一步。波浪模型告訴我們，奇數的步驟向上，代表慶祝與極度的榮耀，而偶數的步驟向下，代表意志的臣服與放下。這個組合產生的移動，能夠推動個體在靈性道路上前進。

在迷宮中，往上移動就是前進，往下就是後退，所以臣服的偶數步驟會低於中點，而榮耀的奇數步驟會高於中點，但是開始與結束的步驟除外（見圖三）。左側代表思維（頭腦），右側代表心。迷宮繪製的道路非常適合用來解釋靈性成熟過程中的迂迴曲折。如果能夠了解路上轉折的重要性，迷宮就能夠成為旅行時為你指引方向的地圖，帶領你在這一世前往人性與神性交會融合之處。

圖三：迷宮中的思維與心

前進

後退

左側：思維　　　　　　右側：心

第一步驟

完成第一步驟很容易，就是循著直線往上走到底。這段道路代表著承諾，你勇敢地進入迷宮，這個動機幫你開展了入口這一小段路。

第二步驟

第二步驟需要接受測試：你願不願意轉彎，接受降服的逆轉，把你帶回到幾乎和第一步驟相同的位置？這個彷彿繞了一圈的轉折讓你學到了什麼？在此，你面對第一次的困難，表明了自己的決心。

第三步驟

第三步驟很靠近中央的目的地，看起來似乎已經要達成目標，讓我們很有信心，也肯定自我。到目前為止，走過的道路都在左側，代表思維（頭腦）。大部分都是向上前進，除了第二步驟的倒退之外。迷宮這個部分並不難，這就是為什麼大部分人都可以在有生之年進展到第三步驟。

第四步驟

從第三步驟開始，道路開始遠離目標，然後又像刻意折磨人似地再次靠近。現在，你對原本運作順暢的思考過程開始感到不滿。道路在左側思維（頭腦）的部分往下，代表著臣服，然後出現一小段上升，接著又是下降，甚至到了比上一段路途的底部更低的部分。至此，我們對於頭腦的理解方式感到厭煩。在左側，從底部往上

升，呈現希望有新的觀看事情的方式，好讓你能夠看你至今尚未看到，但有確知它存在的事物。然後又是失望，因為這種新的視野不是透過我們熟悉的思考而來。

對於心的發現

在打「╳」的這個地方出現了突破，我們第一次碰觸到了心，第一次從左側的思維進入了迷宮的右側。心「看見」的方式，展現了所有事物與存在承繼的完美、永恆與無限。心看到了愛、和諧與美麗。我們向這樣的理想俯首行禮，也帶著臣服向處於第四步驟的心俯首行禮。

思維與心的整合

第四步驟和第三步驟一樣，帶領你來到很靠近目標的地方，但現在換成右側。這代表我們現在用心去感覺並崇敬目標。這是一種與世界和自己連結的新方式，因為心的開放而開放。

第五步驟

第五步驟是絕大的勝利，需要心與頭腦共同運作，我們因此來到

了迷宮的第二高位。穿越了心（右側）的長長道路，顯示出要達到這樣的成就，心扮演了多麼重要的角色。頭腦也很重要，但現在頭腦的思維是受到了心的啟發。

第四步驟一開始，在測試自己心的力量時，就會感覺到令人振奮的進展，即使還不完整。來到打「X」的這個地方，等於是從靈性道路這個部分的底部往上走了一大段距離，學會如何在人際關係與事業成就方面運用心的力量。不過，我們在這個階段還沒學會完全信任心的力量，所以一定會遇到挫折，來到「Y」點，也就是心與思維（頭腦）會產生衝突。在前幾個步驟，心與頭腦的衝突時，最後總是頭腦取勝。但現在因為已經解放了心的喜悅、勇氣與創造力，所以必須找到新的解決方式，讓頭腦與心雙方都獲得尊重。從「Y」點到「Z」點的擺盪，就是一段回到頭腦的路途，平衡並整合頭腦與心。在「Z」這個地方，頭腦會向心俯首臣服，然後第五步驟的整合就完成了，左右兩側、頭腦與心，在接近迷宮頂部的地方取得平衡。

這是人生感受到成功的一段時間，你所成就的遠比你曾經希望的還要更多。但這有不僅是成功，而且是對你個人非常重要，也是對整個社會非常有意義的成功。只有運用心的熱情、勇氣與創造力，才能達到這樣的成就。

第六步驟

第六步驟會需要極大的臣服，一般稱之為「暗夜」（靈魂的暗

夜）。不過臣服的是思維（頭腦）的部分，頭腦對心的臣服。在這個步驟，我們會被帶回到非常靠近迷宮起點的地方，產生一種「我現在知道原來我什麼都不知道」的感覺。

　　這段道路都在迷宮左側的思維（頭腦）部分。第五步驟頭腦與心整合之後，這樣的狀態，可能會持續幾十年的時間，但最終我們會逐漸無法滿足於心與頭腦這樣的夥伴關係。心對於處理生命困頓問題的能力還是比頭腦大得多，頭腦的理性能力則會因為年紀逐漸退化。如果你無法了解生命的所有事物還是要從心出發，生命中的美好都來自於心，就會變得憤世嫉俗。能夠幸運地邁向第六步驟的人會開心地說：「我的心是寶藏，我的頭腦永遠無法領會。」

第七步驟

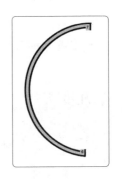

　　最辛苦的部分結束了。在第七步驟，意識會突然覺醒，一個大擺盪就將個體從無知的深淵甩到人類經驗的最高層次：與「所有存在」合一。只要心在第六步驟準備好了，到第七步驟就會變得非常容易。不過許多人以為這樣的啟蒙就是靈性的頂點，其實目標還在遠方：與「所有存在」合一，人性與神性、心與思維（頭腦），都要在迷宮的正中央完全整合。

　　這個步驟是被動完成，也就是說我們吸引了這樣的狀態發生，

而不是去製造了這樣的狀態。接下來的步驟會讓我們從被動轉成主動，和宇宙進行雙向的對話。

第八步驟

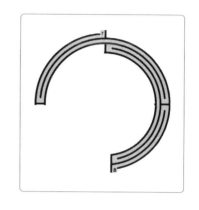

第八步驟會需要經歷一小段的臣服（向下來到左方），這象徵著改變自我概念，以適應現實中的新經驗。緊接著心開始一段漫長的旅途，徹底探索新的能力，透過心來接受聖靈的引導以便了解生命的目的。於是我們來到和道路起點非常接近的位置，不過是位於右側，代表心對於靈的臣服，就像是第六步驟當中頭腦對於心的臣服。頭腦現在相信自己要接受心的指引，而心則反映了宇宙之心。因此，第八步驟又稱為「信徒」的步驟。

第九步驟

這個最後的步驟完全在心的這一側，上升到最高點（Ｘ），然後下降到最低點（Ｙ）。經過最後的點化（Ｚ）之後，我們便來到迷宮的中央，履行了人類發展的道旅程。

第九章

第一步驟：承諾（Commitment）

心的發展道路上最開始的三個步驟，是在訓練大腦思考，我們認為這是心的表面。強化大腦的力量，為的是執行它最強大、也是最重要的工作：專注。在第四到第六步驟中，我們會運用專注的力量讓大腦穿透心的深處，潛入存在的本質，駕馭我們在那裡找到的無限力量。

專注的第一步，是選擇一項專注的目標。首先要決定將自己的注意力集中在哪裡，也就是設定意圖。第二步則是在即使容易分心的狀態下，還是能夠集中注意力。

你的意圖在發展成熟後會變成承諾，這時我們了解到，對某件事說「好」，就是對其他事情說「不」。專注就是單一焦點。在選擇學校、工作或伴侶時，只能挑一個。這種單一的選擇讓承諾變得深具力量與重要。承諾可以讓你的行為獲得回報。

- 對關係做出承諾，可以讓你因為全心付出的安全感獲得親密的感覺。
- 對工作做出承諾，可以讓你對團隊有歸屬感，並建立起信任。
- 對研究做出承諾，可以讓你成為該研究的專家。
- 對樂團中的某種樂器做出承諾，是能夠呈現世界級演出的唯一方法。
- 對自我發展的某種方法做出承諾，就是給自己時間好好熟練。

但還是有很多人無法做出承諾。

當然我們知道，有些人就是無法在一對一的關係中做出承諾。有些人不能在公司企業工作，因為他們無法遵守準時上班、依照指示做事，或朝著預定目標努力的承諾。許多人不願對特定的教堂、

政黨或服務組織做出承諾。承諾就是約束，為什麼要讓自己受到束縛？

你認識的每個人都希望得到你的注意力，一旦建立了關係，就希望得到你的承諾。宗教領袖希望你能承諾遵守他們的教條；政治人物希望你能承諾支持他們的政黨；老闆希望你能承諾達到他們的要求目標。但你自己的承諾又是什麼？

選擇自己的承諾

這條道路上的第一步驟，需要內在的自信做出一個決定並遵循。在做出承諾這個步驟後，值得好好地慶祝一番。對自己做出承諾時，也許做了錯誤的選擇，但你會有所體會，並且比之前更加明白。如果無法做出這個選擇，那麼你根本連旅途都沒能展開。

不過，即使你知道承諾是必要的，也很難決定自己要專注的事物。曾經有一名正面臨困難抉擇的學生告訴我們：「我必須選擇對自己最好的。」這就是一般人會堅持的觀念：我們必須做出最可能讓自己變得幸福的選擇。

但你怎麼知道什麼對你最好？除非能夠在承諾前事先判斷。最能顯示出承諾是否正確，就是看之後的結果。如果結果不錯，那你做出的決定就是正確的。但這就像是開車時看著後視鏡一樣。我們要怎麼在做決定之前知道能否帶來幸福與成功呢？

承諾的步驟，需要能夠在不知道究竟會發生什麼後果的狀態下選擇。當然，可以的話，還是希望能取得理性判斷需要的所有資訊，

像是目標與障礙，或是結果與成本，但事實上不太可能。有趣的決定，幾乎都是在缺乏資訊的狀態下發生，例如選擇一輩子的伴侶、事業夥伴，或靈性導師。在做這類決定時，會顯露出你當下的狀態、優先順序與直覺判斷的方式。你會遇見與自己相配的伴侶、夥伴與導師，確立自己的價值。你會用自己覺知與珍視的現實層面來進行評估，因此做出的決定會呈現出你最真實的一面。

做出承諾就是說出：「我願意。」這三個字有著絕大的重要性。這三個字複述了我們在發展個體性之前的永恆狀態下所立下的誓言：自願為了達成某些目的而化身為人。其實在此之前，我們就已經以各種不同的方式說「我願意。」每一次都在強化我們開始與堅持到底的能力。

是你的承諾，定義了你這個人，而不是你反反覆覆的想法。如果想認識一個人的本性，可以看看他們做出什麼承諾。

如果你結婚了，婚姻就是承諾。也許你遵守的是一對一的關係，這也是承諾。決定某個人交朋友，同樣是承諾。加入一家公司是承諾；選擇某個靈性派別也是承諾。

你做出承諾了，承諾就會展現在一連串的活動與事件中，定義了你人生的某個階段。你做出承諾，然後承諾塑造你。

承諾決定了你會如何使用自己最珍貴的資產：時間。反過來說，看看自己時間的分配，就能夠知道你究竟默默做出了哪些承諾，即使沒有正式公開或確實認知這些承諾。

承諾的困難點

有些人會做出過多的承諾，想要同時發展兩段感情、投入兩份工作，或是腳踏兩條道路。這是錯誤的承諾，是缺乏信心、專注難以集中的表徵。有些人過早承諾，有些人承諾太遲。舉例來說，選舉的時候，在競選一開始就捐款給候選人的選民，通常是最忠誠信實的支持者。他們根本不知道結果會如何，因此是冒著最大的風險，在最後才捐款給候選人的選民則最不真誠，他們只想付出最少的代價就能與勝利者同一國。這些人的承諾依然有效，但如果能夠提早一些，發揮影響力的時間就能長一點。

那麼要是對一段友誼做出承諾，但後來朋友卻成了麻煩，像是歐巴馬總統（Barack Obama）的前牧師萊特（Jeremiah Wright）那樣呢？你無法在跨出那一步的時候先知道後果會是什麼。（編按：2008 年歐巴馬競選美國民主黨總統候選人資格時，他的宗教啟蒙者萊特牧師發表具種族爭議的言論，擾亂歐巴馬選情。）

當下你覺得自己踏出正確的一步，事實上你無法確定這一步究竟是會幫助你還是傷害你，或兩者皆是。總之你踏出了這一步，這就是勇敢偉大之處。如果能夠知道接下來的發展，即使是笨蛋也可以決定要不要行動。承諾的偉大之處，就是在於我們會投身於未知當中。

哈茲若・音那雅・康認為，這就像是第一次潛入海中，沒有人知道碎浪底下藏著怎樣的危險，可能會遇到激流、水母、海膽、暗礁等等，但也可能經驗到乘風破浪的樂趣。

靈性道路的承諾

在東方，想要走上修行之路，幾乎都需要導師的指引，因為一般認為至少前三個步驟是需要透過歷經塵世之人的協助才能完成。這樣的傳統存在於各種文化之中，不管是再偉大的先知、大師、聖人或賢者，都有自己的啟蒙導師。耶穌基督的故事中，可以讀到耶穌是由施洗者約翰施洗；在所有其他先知與預言者的生命中，也總是會有一個人，可能地位低下，或是謙遜，或是平凡的普通人，多半無法和這些先知的地位相匹配，但他們卻引領了這些大師完成靈性道路的前三步驟。

不過，世界上所有先知與導師的第一位引領者，其實是他們的母親。不管是再偉大的先知、導師或聖人，如果沒有母親的啟蒙，就不會踏出獨立行走的第一步。母親是教導他們蹣跚學步的第一人。[21]

在西方，大多數人對於靈性道路的追求，多半都無法或不願意許下承諾，這種現象很常見，可以視為多數人偏好的想法。他們覺得靈性智慧的取得就像摘花一樣簡單，而且既然世界上的花這麼多種，只專精於某一門派感覺起來十分綁手綁腳。這是對於承諾的恐懼而造成的誤解。選擇一條道路並不是限制自己只能摘一種花，真正的靈性導師能夠運用任何必要的方法，知道的途徑也比學生想像的更多。選擇其中一個靈性門派，就像是擁有一個可以裝花的籃子。門派是乘載所有靈性知識的容器，按照合適的順序，一次一朵

花，讓你能好好欣賞與了解。

不對靈性道路做出承諾，只會影響到你的進展。戀愛的時候，我們會希望與摯愛的伴侶共度一生。學習腦部手術的時候，你尋找最優秀的師資，全神貫注地投入其中。靈性道路就和戀愛一樣迷人，也和腦部手術一樣複雜。你不會希望跟一個也教人修水管的老師學習腦部手術，而且就算周圍有許多俊男美女，與摯愛的另一半分開就是會讓人感到心碎。

承諾的範例

以下是普蘭人生的幾個里程碑，可以幫助你確認自己的里程碑：

我的第一個承諾獻給了科學。小時候，我對電子非常著迷，還學會怎麼修理收音機。進大學以後，我繼續研究這門學問。一九六六年，我大學四年級的時候，突然經驗了非常強烈的靈性覺醒。我成了家族中的首例，在越戰剛開始的那幾年，一心一意投入和平主義的活動。我參加了貴格會（Quakers），基督教的信仰成了生活的中心，也讓我決定與交往了五年的女友結婚。我對宗教的愛戰勝了原本對科學的愛。因此，兩年後我放棄幾近完成的博士學位，幾乎全部時間都奉獻給和平運動。

我要求妻子懷孕生下我們的女兒。一般狀況下，生孩子的決定會是一個人很重要的內在改變，是一輩子責任的承諾。但對我來說，生孩子屬於我已經獻身的和平運動的一部分。我覺得自己會

被監禁在牢籠之中，而和我狀況類似的已婚男性，似乎只有那些有了孩子的人才撐得下去。因此我的第一個孩子並不屬於新的承諾，而是舊有承諾的一個面向。我並沒有受到監禁，這段婚姻也沒持續多久。

一九七一年，我對於宗教與和平運動的承諾，發展成對於真正神秘經驗的探索，於是我認識了蘇菲教派。同年七月，我找到了自己的導師，並接受啟蒙，拜師的承諾展開了我人生的另一階段。在這個文化中，拜師並不常見，而且大半都遭到忽略與誤解。但這個過程卻讓我難以置信地感覺圓滿。我的拜師生涯持續了三十三年，但第一年我便奉命展開教學。考慮再三後，我承諾打造一所靈性學校，當成是決定拜師後的自然結果。自己也成為導師之後，我和朋友、同道的關係不同以往，最終甚至也改變了我與第二任妻子之間的關係。她和我一起從和平運動轉向神秘主義，也熱切地接受了我的導師。但她自己還沒有成為導師，所以不了解我身上背負的責任。

我的長子阿薩塔爾（Asatar）生於一九七三年，兩年後次子卡利爾（Kahlil）出生，於是我做出另一個承諾，擔負一個更大的家庭。在一九七五年，我的學術生涯告一段落，因為我遵從靈性導師的要求，離開一家相當有公信力的研究中心，幫助他構建自己的靈性社區。但離開研究中心、搬到鄉間的社區並不是所謂的里程碑。我的里程碑是打造靈性學校的承諾，這發生在一九七二年。人生境況的改變又多花了幾年時間，但這些改變絕對是因為這個承諾而起。

我第二次離婚則是獻身打造靈性學校的另一個後果（故事很複雜）。我很開心自己擁有一個孩子的監護權，但不能見到另外兩個孩子，令我胸臆劇痛難當。我遵守自己的承諾，負起家中的經濟責任並打造靈性學校，我有一份薪資優渥的工作，並在清晨與夜晚時段教授冥想課程。

一九七七年，離開當初幫忙構建的靈性社區之後，我經驗到一股強大的內在力量。這個激勵我心的發展，加上導師鼓勵，我決定減少教學的時間，而開啟人生新的一頁，進行高風險、高價值創投計畫的新事業。我更加努力地在原本的金融產業工作，也持續冥想的教學與練習。

接下來還有更多的轉折，不過我希望你們從我目前的人生故事中看到，是內在轉化讓我們改變自己的外在狀態。內在改變通常會伴隨新的承諾出現：對我來說，一開始是對科學的承諾，然後是基督教、和平運動、神祕主義，再來是打造靈性學校，同時負擔起家中經濟。

的確，你出於自由意志而做出的承諾，呈現出人生的優先順序，而每一個新的承諾則將生命故事分成不同的篇章。

想想看，你曾做出哪些承諾？這些承諾如何定義你人生的不同篇章？

以下是另一個承諾的故事，來自於靈性發展地圖課程的一名學

生：

我開始懷疑自己是不是在很多方面一直逃避做出承諾。承諾與拚命努力似乎不太相同。我同時嘗試兩、三種不同的身心靈療法，也依舊朝著戲劇方面繼續努力，夢想進入劇團。

過去這兩週發生的每件事情，在在顯示了我的生疏與不足，也讓我明白，不管是在教學、冥想或靈性修行方面，怎樣的狀態才叫熟練。我害怕自己錯失什麼，於是什麼都想做。我請一位朋友來質疑我、挑戰我，看我是不是有能力處理自己眼前的所有事物。他說：「哪，我希望你去工作，好好上足八小時的班，下班時讓桌上乾乾淨淨、整整齊齊的。」我承諾並做到。現在我的能量一天比一天更純淨清澈。我發現承諾能夠簡化我的生活，讓我確確實實地活得更完整，比較不那麼朝三暮四。這種體驗非常具有啟發性。我看到自己的模式，我想與每個新歡結合，但不能夠與舊愛分離。我以為所謂的忠誠，是不放棄之前的承諾，所以努力想要融合。但這麼做其實代表我無法完全守住已經做出的承諾。現在，透過履行承諾，我比較可以感覺自己的能量與一致性，也了解到我的確可以在這個世界完整地活著。朝三暮四令人筋疲力竭。

這時候，說出「我願意」，或更嚴重的「我承諾」，感覺似乎很奇怪。基於什麼理由呢？我思考著：「我想認識所有的一切，在各種不同的面向與層次上，和宇宙合一：為什麼會有人故意窄化自己的焦點呢？」我能夠想像自己充滿玩心與幽默，在宇宙劇碼

中演出，或是在神聖的喜劇中扮活寶。但其他角色呢？有些演員喜歡每次都演不同的戲。我希望自己待在一個數十年來都演出相同劇目的劇團，能夠長長久久演出各種不同角色，深入鑽研每個角色。就像是擁有妻妾成群的後宮那樣，有許多的選擇。人們是怎麼做出選擇呢？衣衫襤褸會迫使人們做出選擇，甚至早在這之前就應該有所選擇。然而現在，只要想到要做出一個承諾，我還是會像被車燈照射的兔子那樣，凍結而不知所措。

接著是另一位學生關於承諾的故事：

昨天我揭開了自己的傷口，檢視已經結束了的第一次婚姻。我們結縭十七年的過程中，我出軌了三次，每次都在事後向丈夫坦白。第三次，也就是我決定離婚的那次，根本就像肥皂劇一樣。我深信自己沒錯，掩飾對自己與他人造成的創傷，尤其是對丈夫與兒子。昨天，我讓自己回想。那天我告訴一百八十公分、一百公斤的十七歲兒子我要離開時，他跳到我身上。只有六十公斤的我抱著他，感覺刺骨的疼痛貫穿我的身體。然後我「關上了開關」，就像在成長過程中做過的無數次那樣。那時，我無法面對他的痛苦，也無法面對自己的痛苦。我心裡想要的，是另一個男人。
我甚至不太確定，自己是不是曾經明確承諾過要成為一名妻子與母親。我在二十歲的時候懷孕（那時候以為自己知道怎麼避孕），讓周圍的其他人推著我經歷結婚與生產的過程，令我非常慚愧。

兒子一出生，我就愛上他了，我變成一個非常周到而慈愛的好媽媽。是的，那時我做出了承諾。我們讀了一本又一本和育兒有關的書，我承諾要給孩子一個和自己不一樣的成長過程。

一年前的母親節週末，現任丈夫告訴我，他愛上別的女人，要離開我。我整個崩潰！一週後，他回來請求我的原諒，做出了新的承諾。我們一起把婚戒丟進海裡。現在，我們一起練習心律轉化法，特意不戴戒指來提醒自己或告訴他人，我們之間有婚姻的承諾。取而代之的是，我們共享持續成長的過程，加深對彼此的愛與了解。對我來說，這會帶著我們到哪裡去，是個未知。我承諾的是活在當下這個時刻過程，充滿療癒與愛。

以下是蘇珊娜關於承諾的故事：

在我四歲的時候，全家移民到匈牙利。那時候我覺得：「太棒了，冒險開始了。」對於離開家鄉，我並沒有感到悲傷，而是滿懷熱血。我心裡一直預期自己會往西而行。人生中我一直往西行，從匈牙利到奧地利、瑞士、德國、紐約，現在是亞利桑那的土桑市。我十歲的時候，要求母親讓我去讀一間天主教寄宿學校。那時候我還在讀中學，正要準備即將決定我人生方向的大考，看是要進入升大學的高中，還是就讀職業學校。但老師居然不讓我參加考試，所以如果我要讀大學的話，只能上天主教學校。我的母親同意了。

在這個年紀，我看到的是如果不上大學，人生就會變得十分狹窄

受限。所以我承諾自己要就讀大學。我在這家天主教寄宿學校裡堅持了九年，修女們曾經三次想要把我退學，因為我對她們是一大挑戰。我努力守住的這個承諾，給了我一張人生的車票，讓我有機會進入維也納大學唸書。

現在就做出承諾

發揮你紀律嚴明的力量，在兩個正相反的極端之間延伸……因為人類的內在，就是神學習的所在。

——里爾克（Rainer Maria Rilke，德語詩人）[22]

承諾必須明確、清晰、客觀，這樣才容易記得並加以肯定。承諾和目標不同，目標屬於未來，承諾屬於現在。舉例來說：

「我承諾要每天練習心律轉化法。」

「我承諾要和 ＿＿＿＿ 建立（或加強）關係。」

「我承諾要在心之道路上前進。」

你可能會發現自己想要做出不只一個承諾，但單一的承諾實行起來比較有效率。多思考一下，應該可以把所有較為次要的承諾，整合在主要承諾之下。「我承諾少糖、戒菸。」可以轉化成：「我承諾要善待自己的身體，讓身體獲得應有的照顧。」

以下是人們與我們分享的一些承諾：

● 我承諾要努力保持在自己的中心，保持心的開放，盡可能持續走在心的道路上，即使他人對我做出人身方面的批評。

- 我承諾要加深自己與伴侶之間的關係。
- 我承諾要更加覺察對他人與對自己使用的言語，這些真的是心想要說出的話嗎？
- 我承諾要改善與姊姊之間的關係，更加體諒她。
- 我承諾要通過我的伴侶來學習被愛之人的奧義。
- 我承諾只攝取最低量的精緻糖、精緻澱粉、米和麵食。
- 我承諾要規畫整頓我的工作室（這是只屬於我自己的空間，我不需徵詢伴侶的意見），以及家裡看起來彷彿是拒人於門外的玄關。
- 我承諾要以平衡的方式來生活，每天認真鍛鍊我的身體、頭腦與心。

現在，對於人際關係、工作、健康或靈性修行方面，你想做出怎樣的承諾？

註釋

21 哈茲若・音那雅・康，第十卷，《啟蒙與門徒的道路》（ *The Path of Initiation and Discipleship* ），第一章〈啟蒙的道路，第一次啟蒙〉（The Path of Initiation, 1st Initiation）。

22 布萊（Bly）翻譯的《里爾克詩集》（2005）。

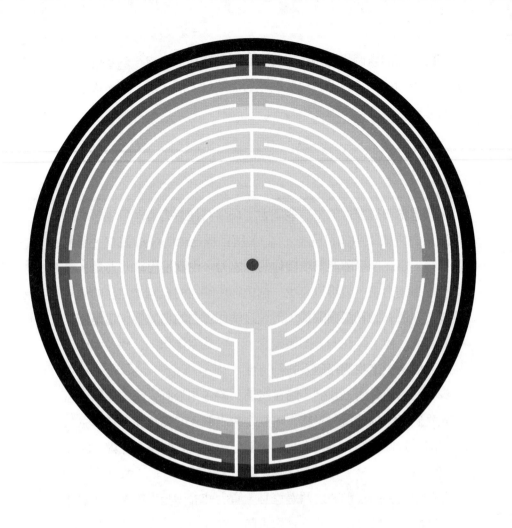

第十章

第二步驟：測試（Testing）

如果想要探索一個人的人格深度，就用對方人生最大的需求來測試。

——哈茲若·音那雅·康

心的道路前六個步驟是在發展自我的個體層面，之後的步驟則是發展自我的超個人層面。自我個體層面的發展中，前三個步驟著重頭腦思維，後三個步驟著重心。

「是」與「否」

頭腦思維發展讓你獲得這些能力：（1）將注意力導向目標，（2）將注意力持續集中在目標上，（3）與目標連結，仔細觀察、理解並執行。這三個步驟能夠培養你的意志力，也就是思維的力量。

有了這種力量，就可以產生一個由你所關注的範圍來定義的個人場域。你所有的利益與關係，都在這個注意力的場域中。這是個獨特的場域，他人關注的範圍與概念，不可能完全和你一樣，因此，注意力場域決定我們每個人的獨特性。

身為心的追尋者，我們不斷嘗試消弭劃分和限制人類的界線，但首先我們必須創造這些界線，才能定義出個人的獨特性。在降生為人之前，我們都屬於天使之光的一部分，彼此之間沒有界線，因為天使沒有他我之分。在生命開始之前所表達的第一個「我願意」，就是個體發展的起點。這個過程必須產生結論、產生焦點，好讓靈魂最終能夠在精神中定位，就像人體將靈魂安置在肉身中一樣。之後我們會不斷擴展自我的界線，直到最後突破這道界線。但首先我們必須形成一個強而有力的中心，在沒有界線的狀態下也能凝聚自我。這個中心就是心。

因此，第一步驟就是表達你的意願，也就是承諾；二步驟則是確

認這個意願，也就是測試。第一步驟表達的是「是」，第二步驟表達的是「否」，第三步驟則是平衡「是」與「否」，以產生理解、信任與和諧。

在地球上生存，就像是在超級市場，你可以得到任何你想要的東西。在我們選擇要把什麼放在自己注意力的籃子裡時，就是在定義自己。有些東西你會說「好」，有些東西你會說「不要」；有時候今天說「好」，但別的日子說「不要」。因為籃子的空間有限，你選擇放進來的東西會把其他東西推擠出去。有些掉出去的東西，後來又會被拿回來；有些現在我們十分關注的事物，之後則會不屑一顧。

說「好」的時候很興奮，說「不要」的時候則是痛苦又拘束。很明顯地，「好」必須是第一步驟，因為如果一開始就「不要」，那就無法繼續下去。可是一直都說「好」，就展現不出與他人的分別，以及自己的獨特性。唯有說「不要」，才能創造出自己的界線。

測試的價值

第二步驟接續發展第一步驟開始的專注力，排除所有會轉移你注意力的事物，建構起讓你專注於焦點的力量。分心是對利益與承諾的測試，生活中會出現非常多這樣的測試，忽略讓我們分心的事物，就會呈現出自己承諾的優先順序。

仿造的黃金可能和真金一樣美麗，仿造的鑽石可能和真鑽一樣閃

耀。差別在於仿造無法通過長期的考驗，但真實可以。不過，人當然不能拿來和物品相比。人的內在擁有神性，堅持走在愛的道路上便足以證明這一點。

——哈茲若·音那雅·康 [23]

　　這是偶數的步驟。我們邁出榮耀的一步（奇數步驟），接下來就是臣服的一步（偶數步驟），而道路則從右腳換到了左腳。第二步驟的臣服，是要你將焦點放在需要專注的目標上，捨棄其他的一切。專注需要焦點，其他所有事物因此變得不重要。

- 婚姻的承諾需要專一排他性。
- 受雇於人，就必須放棄自身的利益衝突。
- 我們不能同時服用兩名不同醫師開出的處方，除非醫師之間反覆商討過。同樣地，我們也不該混用兩種不同的靈性練習，除非是精通這兩種方法的大師所指導的。

你會受到測試，也會去測試他人。

- 導師會測試學生，看他們的承諾是否為真。
- 學生會測試導師，以了解導師的力量與極限。
- 情人會互相測試對方愛的力度。
- 生命本身也會測試我們。你的聲明或主張，一定會接受到相對應的事件的測試。每一項承諾、決心與決定，都會受到測試。
- 你所面臨的挑戰，就是要測試你的能力。
- 你所遭遇的問題，就是要測試你的理解力。
- 你的忠誠，則是用你所展現出的接納與包容來測試。

每一種技巧、能力與特質，都會透過你的應用能力來測試，好讓你能清楚意識到這些資源，並進一步加以發展。

測試具有增強的力量，也有削弱的作用。通過測試會讓我們覺得受到肯定，沒通過測試，則必須往後退一步，或是做出另一個承諾，回到第一步驟從頭開始。新的承諾就會面對新的測試。因此，你可能會反覆循環第一與第二步驟許多次。

第二步驟呈現出我們不相信、尖酸與懷疑的那一面，剛好和第一步驟所呈現的層面相反：充滿勇氣、冒險犯難、全心付出。有些人傾向先踏出去再看看自己所在位置，有些人則需要在行動之前先調查與質疑一番。其實我們兩者兼具，我們的勇氣與謹慎，會像兩個太早結婚的孩子一樣互相爭論。我們會和同一個人，或是改變了的這個人，絕交後又從頭來過，直到自己能夠用同樣的心情去欣賞勇氣與謹慎。

在測試與確定的過程中，流動著愛。在一段感情中，我們會測試對方在某些特定情況下的反應。如果你所愛的人，在朋友面前通過了測試，接下來你就會在自己的父母面前測試他。但這樣的測試永無止盡。你生病的時候他／她會怎麼反應？你生氣，或是沮喪的時候呢？如果有第三者出現，他／她會嫉妒嗎？你所愛的他／她對你的工作是助力，還是阻礙？有好多的疑問，都是想看看對方的承諾能夠持續多久。測試是回答這些問題唯一的方法。因此你的感情有可能在測試這個步驟停留很久，也許幾十年，直到你得到足夠保證，你知道對方在這麼多不同的情形下會有什麼反應，因此即使哪天出現前所未有的情況，你也能夠信任他／她。基本上，你不想再

測試下去的時候，自己就會停止。

靈性工作的測試

> 導師擁有許多不同的測試方法，去檢驗學生的信心、誠意與耐性。在大船出航之前，船長會一一檢查，確定船上的一切都準備好了，可以安然度過這次航行。導師的責任也是如此。
>
> ——哈茲若‧音那雅‧康

　　另一段重要的關係，則是發生在學生與靈性導師之間。導師會測試學生，學生也會測試導師與其教導：「導師有真材實料嗎？他有沒有把我的需要放在心上？還是想要從我身上得到什麼？這些教導對我有益嗎？我是否能從中成長與學習？」我們自己就是導師，知道去測試任何一個膽敢宣稱自己出師的人，是很重要的一件事。

　　哈茲若‧音那雅‧康針對與導師之間的關係，寫下了第二步驟應產生的質疑：

有些人說我什麼都不知道，
有些人堅持我什麼都知道。
有些人背向我離開，
有些人迅速回應我的呼喚。

有些人聽完我的話，就大聲說：「他講的了無新意。」有些人則

說：「我一直都這麼想，這是我自己的看法。」

有些人會問：「他揭開了哪些謎團？行使了怎樣的神蹟？」有些人會答：「我們不需要神蹟，只需要一顆溫暖的心。」

有些人說：「他和我們一樣是普通人，你覺得他有什麼異於常人之處？」有些人答：「我們需要的不是知道，而是存在。」

要證明一個人足以擔任導師，不需要口才辨給，不需要深奧知識，更不需要行使神蹟。這種證明，來自於一個人所散發的存在的氛圍，那是無法偽裝的。

我們與導師之間的關係，截然不同於和其他人的關係。雖然靈性導師就像兄弟姊妹、父母與朋友，但又完全不屬於任何一種類似的身分。我們有時會低估導師，有時則會高估，因為導師和我們不一樣，但也不是天降神兵；導師其實很平凡，也很不平凡。我們無法透過觀察去理解導師，而必須藉由冥想沉思，但這個方法要走到道路的第四步驟才會開始發展（即使之前已經學到這個不尋常的方法，也要到這個階段才能真正開始運用）。在這個步驟，我們看到的一切都是你自己投射在導師心中的鏡子所形成。導師就像愛神邱比特一樣，引導你接受自我的吸引。你能夠在不了解的情況下相信這個過程嗎？

在練習心律轉化法時也會進入第二步驟。在這個階段，我們可以預測專注於心會有怎樣的反應。你的心會對你的注意力、你的呼吸所帶來的刺激以及意圖有所反應，讓你體驗到意外強大的能量、情緒與意象。也許光是這一些經驗就會令你害怕，然而，相較於日後

你即將體會的，這根本不算什麼。但你也可能就把這樣的體驗當成是幻象。[24] 或者你太沉迷於體驗本身，輕忽了其中的意義。這就是你的考驗：你已經準備好回應心的呼喚，還是決定先不理會，等以後再說？

你也可以用另一種方式來測試這條道路，在找到真正能幫助你、在你身上作用的方法後，你可能會覺得：「我還會是原來的我嗎？如果不繼續這樣練習，會發生什麼事？」於是，你可能會暫停冥想一段時間，當成是測試。接著你會發現生活不太順利，於是抱著希望重新開始冥想。

在印度，有一名偉大的靈性導師，大家都很信服他的教導。他認為我們真正應該崇拜的，是看不見的無形的合一整體（unity），存在於所有的生命與形體之中。他擁有一千名忠誠的學生。有一天，他告訴學生，他決定上路去敬拜印度教的卡莉女神（Kali），一個有著特定形體與特質的偶像。他的學生裡有許多醫師、教授和有名望、有智慧的人，聽到後難以接受，導師敬拜偶像？這完全顛覆了他們以為自己知道的一切，他們應該崇拜的是無形無狀的合一整體，而非某個塑像呀；他們對導師的信賴完全決堤。所有的學生都離開了，只剩一個非常忠於導師的年輕人。

導師和這名唯一留下的學生出發前往卡莉的神廟，他試圖說服學生和其他人一樣離開。學生拒絕了，繼續跟著導師走。一路上，導師思考著人性，心中充滿各種情緒：人類多麼薄情，這麼一句話就改變了人我之間的關係。當他來到卡莉神廟時，情緒高漲到

進入狂喜狀態,他五體投地跪拜在女神的塑像前,學生也跟著跪拜。

兩人起身後,導師再次問道:「你為什麼還跟著我?」年輕人回答,他覺得導師所為並沒有違背自己接受的教導:不管崇拜什麼都沒有關係,因為合一整體存在於所有事物之中。在所有跟隨導師深入學習的學生中,只有這個年輕人真正理解了其中的道理。

導師會用許多不同的方式測試學生。學術界的導師測試學生的知識、認知能力、推理能力,以及溝通能力;靈性導師測試學生的信心、誠意與耐性。通常是在學生學習到某個程度、洞悉許多之際進行測試,也就是學生所吸收到的,看起來已經來到可以進入下一階段的學習時。導師的考驗對學生來說,表面看起來可能是某個樣子,內在的意義卻相當不同。這種測試就是要看學生是否能同時覺察到表面與內在,換句話說,學生看到的不只是事物的表面,還有更深一層的洞見。

不管是哪個領域的導師,看到學生通過測試都會很開心。通過測試,讓學生強烈而直接地感受到認可、肯定,並發現自己的價值。測試是導師送給學生的禮物。當然,導師必須妥善且仔細地評估學生的力量,給予的測試是能夠推動向前、促進成長,而且有能力通過的考驗。

有智慧的靈性導師,知道如何讓學生在不知不覺中接受測試。導師會提出要求,然後觀察反應。如果考驗通過了,就會提出更重要的要求,再次觀察反應。準備好的學生可能會發現自己面對的測試

越來越困難。測試會讓宇宙知道可以信賴誰，學生則會在過程中成長，比起在沒有導師引導的狀態下更快速而完整。

愛的測試

承諾的測試不只會來自靈性導師，生活中我們持續面對各種測試，不管是事件、關係，還是選擇。舉例來說，在感情關係中，你會測試另一半，我要求他時他會出現嗎？她能了解你的需求？他會看重你心目中的神聖事物嗎？你不在的時候，她能不能堅守自己對你的承諾？透過這些測試，信賴得以建立。

如果我們對一個人的愛有信心，當這份愛似乎快要消失了或受限的時候，我們仍舊不會動搖。信心的建構，是由長時間的經驗累積而來。對愛產生信心的過程，就是所謂的「測試」，老實說這聽起來不怎麼吸引人。我們終將對神的愛充滿信心，即使遭遇令人無法理解，或是感覺受到背叛、心碎與孤獨的時候。神透過溫和的測試與無盡的愛，讓我們產生對神的信心，這也就是「信仰」。

如果無法通過自己所面對的測試，就必須放棄承諾，回到第一步驟，重新做出一個不同的承諾。如果通過了測試，就會來到第三步驟。測試具有增強的力量，也有削弱的作用。通過測試會讓我們覺得受到肯定，沒通過測試，必須往後退一步，或是做出另一個承諾，回到第一步驟從頭開始。新的承諾就會面對新的測試。**我們可能會反覆第一與第二步驟許多次，這沒有什麼關係。**重點是持續走在靈性道路上；只有當你真正準備好的時候，才能進入下一個步驟。

實際生活中的測試範例

IAM（應用冥想協會）講師與導師阿薩塔爾·貝爾（Asatar Bair），曾面對這樣的測試：

我在受聘為經濟學教授之前，做出了一連串糟糕的決定，讓自己受到聘任委員會的排擠，差點遭到開除。之後回想，其實我是在測試自我的欲望、選擇的方向，以及自己對於經濟學教學與貢獻的理想。我在讀研究所的時候，也是這樣測試我的老師與朋友；和許多老師產生衝突與隔閡之後，我又冒犯了兩位教授，而他們後來卻變成我的論文指導老師。他們要我再多參加一項額外的考試，我覺得沒必要，認為這個考試是故意給我下馬威。我請朋友在快要考試前過來，在外面走廊上支持我。兩位教授不確定這只是加油，還是一種示威（事後回想，其實兩者都有）。他們還是相信了我，但狀況實在太驚險。我幾乎失去學校支持我的唯一的力量，差點就成為我學術生涯的終點。

以下是 IAM 講師寶拉·羅姆（Paula Roome）所經歷的測試：

自從我讀到關於第二步驟，也就是測試過程的內容，我就開始生氣。我發現很難把想法寫出來，我的腦海中，就是一團混亂。我坐在桌前，寫不出一個字。在閱讀其他人的貼文與普蘭的回答時，我覺得好生氣。鑽石呼吸對我來說也失去效用 25，我無法完

全地呼氣與吸氣，這似乎在說我不相信自己的生命。我再次努力練習完全吸氣與呼氣，還是只能感覺右半側的心跳，左側一點感覺也沒有！到今天，這種失敗的感覺仍然存在，我知道我會測試別人，現在我正在接受測試，但是卻一點也不喜歡。普蘭，我幾乎可以聽見你在大笑：「很好，繼續堅持，妳的確在接受測試！」等到我爆發了或是冷靜下來之後，我會試著寫出來。

一名音樂家的測試故事：

我很害怕測試，真的很害怕，只要提到「測試」兩個字，我就會嚇呆，覺得自己絕對會搞砸。我知道我害怕犯錯的另一面，其實是需要自己能做「對」，即使是芝麻蒜皮的小事。如果我沒做對，那麼我就什麼都不是！除非有人稱讚我某方面的才能，不然我就是個失敗者。但要知道，稱讚我有才能，也只是讓我感覺還可以而已，這就是所謂典型的「高自我、低自尊」。就算是微不足道的測試，對我來說也是很大的考驗。有時候所有的一切都像是測試。在我「失敗」或「做錯」之後，我會強烈地感到失去生存意志，並且把這個感覺歸咎於這一切實在是太過困難。我常常會有這種極端的感覺。

為了避免失敗，我在加入新團體時會先「測試水溫」，再做出承諾，選擇適合的人格面具。一旦在群體中站穩腳步，我就不想持續那個自己建立起來、盡量避免犯錯失敗的人格面具。最後，我感覺自己進退無路，被逼近一個假「我」的外殼中，開始自我

厭惡。有時候，這種自我厭惡會驅使我搬家，到別的地方讓自己展開「新的一頁」，丟棄所有之前自己創造的合宜假象。但搬到新地方往往不到六個星期的時間，我發現自己再次為新團體量身製造出另一個人格面具！大家都愛這些假的戴維斯，如果兩個不同性質的團體或朋友碰在一起，我就必須同時扮演兩種不同的人格，這實在讓人太不舒服了。這是一項非常困難的考驗：「我到底是誰？」

普蘭曾聽到一名女性朋友的故事，她最大的心願就是結婚：

我和珊卓拉快三十歲的時候待在同一家公司，那時我已經結婚兩年了。我們相熟的期間，她和男友開始論及婚嫁。隨著感情升溫，她告訴我自己的隱憂：「他如果真的認識我，全部的我，他真的能接納我嗎？」她擔心如果自己陷入憂鬱的狀況，卻無法倚靠對方的幫助。就在婚禮過後，馬上出現了測試：珊卓拉憂鬱症發作，需要入院治療。新婚丈夫躲開了，即使他後來回到她身邊，但她無法再相信對方。這段婚姻宣告失敗。

珊卓拉犯的錯誤，是在交往過程中築起一道防線，隱藏自己害怕被人知道的部分。如果男友能看到珊卓拉處理這些面向的能力，就會知道狀況都在掌握之中。珊卓拉一旦看到男友能夠面對，也會因此明瞭他們其實可以共同面對。

以下是參與我們課程的一名女學員的故事：

我非常喜愛進入測試步驟的過程，因為我可以在自己的生活中看得非常清楚。最明顯而強烈的測試典型，就是暗戀。我們最後一次見面，大概是一年前（我的生日時）。她離開了我，但我持續愛著她。這麼長久的時間以來，我覺得自己面對的測試，應該是該不該抱持她會回來的希望。我花了這麼多時間，所有的心思都是她。這一點我不會放棄。但我想現在也許是時候放下我們能夠破鏡重圓的期待了。

摯愛的人離開我，是怎樣的感覺呢？當然是痛苦而孤獨的經驗。我仍然愛著他們，也知道他們還關心著我，但基於某些原因我們無法好好溝通，無法擁有相互理解並讓關係更進一步的空間。我很擅長也能勇敢地直接與自己的心溝通，但不知道為什麼，卻無法與我所愛的美好的人溝通。

我知道這樣的狀況一再在我的生命中發生。只要有人有所主張，就會出現考驗。重新確認我的主張，強化的不只是主張本身，還包括我對自己的信念。我熱愛這整個過程。

我們有些學生曾經或是現階段正處於同性關係中。從他們的故事中，我們感受到同性戀不被他們生命中的重要他人，或是整個文化所接受的痛苦。從靈性的角度來看，靈魂、心與思維的性別都一樣，不是男性也不是女性。但是生理的性別是在受孕的當下決定，並非靈魂所能控制。也許這就是為什麼有些人會覺得自己的生理性別或欲望，和他們的靈魂、心與思維不相符合。極少數人能夠發現這種錯誤的搭配，因為生理認同作用太強烈，而除了少數人，大部分人

都無法意識到靈魂認同。

第二步驟的反思

你如何測試父母的愛、情人的承諾、工作的正當性、或是朋友的
正直誠實？你自己又是如何受到測試？

舉例來說：你是怎麼確認自己會和正在約會的對象結婚？交往過
程是先承諾，經過一段時間的考驗，才會進一步許下結婚的承諾。
而結婚的諾言會受到另外的測試。

你怎麼知道自己找到了正確的工作或事業？

對於一段以失敗收場的感情，你可以看得出考驗是什麼嗎？

你從中學習到什麼？

註釋

23　哈茲若·音那雅·康，《社會聖典》（*Social Gathekas*）第十七卷。《蘇菲神祕主義》（*Sufi Mysticism*），第三章〈準備好你的心，以便踏上愛的道路〉（Preparing the Heart for the Path of Love）。

24　請見貝爾夫婦的《六種基礎力量》（*Six Basic Powers*），98-105 頁。

25　練習細節詳見貝爾夫婦的《心律轉化法》（*Living from the Heart*，中文版由心靈工坊出版），216-222 頁。

第十一章

第三步驟：和諧（Harmony）

如果能夠通過所有的測試，就會來到第三步驟，

也就是第三種啟蒙，包含三個階段：

用心接受知識、深思自己耐心學習到的一切、靈巧地吸收消化深思後的所有結果。

——哈茲若·音那雅·康

我們的成人發展地圖來到了第一個重要階段——思維的發展——的尾聲。在思維發展的討論中，其實我們從未提過智能，而是放在專注力的發展上。智能有許多種類：數學智能、音樂智能、直覺智能等。即使是高智商的人也需要學習如何集中思維的力量，好讓自己的智能能夠被善加利用。專注從承諾開始，透過測試來發展，最後轉化為智慧與成功。所有的成就都需要專注，即使是小小的要求也需要專注。透過承諾，你展現出選擇專注目標的能力，通過說「不」的測試，定義出自己注意力的界線，你所專注的目標便能源源不絕地將資訊提供給你。在不斷地處理這些資訊的過程中，智慧也因此增長。

　　有時候，你和留意的目標之間的資訊流動時間非常短暫，就像按下相機快門的那一瞬間，但醞釀成長的時間則長得多，類似底片沖洗成影的過程。單單一瞥就可傳遞非常多的訊息，但花上十年處理都有可能。而透過專注力產生的資訊流動，則會持續很長的時間，譬如與人交往的點滴累積，突然間就讓你真正認識了對方。

　　前三個步驟就像是在平坦的舞池中跳舞。我們不停旋轉，從第一步驟到第二步驟，再第一步驟、第二步驟，直到完全滿意測試與再次承諾的結果，然後坐下來，用理解的眼光觀察整支舞蹈。

　　接著，我們仔細地檢視這三個步驟為什麼是人生中重要的里程碑。我們很早就知道，生命中的每個人、每個團體與每個事業，都希望我們做出承諾。心理學家認為，每個人都希望得到你的注意力，但注意力可能轉瞬即逝。**持續**的注意力來自承諾。承諾就是說出「我願意」這個舉動，這是人類擁有的強大力量，將宇宙的意志

個體化的能力。從靈性的角度來看，我們認為，每個人想要從你身上獲得的神奇力量，就是凝聚宇宙注意力的能力。你的專注會讓宇宙聚焦在注意力的目標上，就像你自己也是宇宙的焦點之一。

- 俗話說：「謀事在人，成事在天。」你持續用意念觀想的事物，就會吸引神的注意。

- 耶穌基督說：「凡你在地上所應允的，在天上也要應允。凡你在地上所不允許的，在天上也不允許。」若此事當真，你的專注必定也凝聚了神的焦點。於是我們知道，「我願意」擁有的終極的力量，是對宇宙的資源做出承諾。古時候的人會說：「『我願意』這三個字綑綁住神的手。」藉由承諾的魔法，任何事情都可能達成。而由於我們意識到這件事，每一個任務都希望獲得你的承諾。

許多人害怕「我願意」的力量，因此拒絕給出承諾。也有人隨便就承諾，反而稀釋了承諾的力量。由於個人的承諾在宇宙上具有重大意義，所以必須驗證。這就是**測試**的過程，確認自己究竟承諾了什麼。現在做出的承諾是否優先於之前做出的承諾？承諾的範圍包括哪些？舉例來說，如果你允諾自己要賺更多的錢，你會不擇手段，或是透過某些不被接受的方式？如果你對一段關係做出承諾，不管對方怎麼對你都沒關係嗎？

在測試的過程中，你會發現更多關於自己的承諾的意義。通常你會發現自己做出了錯誤的承諾：這與你原本的意圖無法完全相符。譬如你想賺更多錢，但你也希望獲得同儕的尊敬以及良心的祝福。那麼你承諾的並不是賺更多的錢，而是承諾要做出誠實而受人尊敬

的事業。如果你想要的是親密的感情，而不是責怪與拘束，那麼開放式的婚姻承諾其實並不是你的渴求，你真正想要的是付出和接受感情。

承諾確認了，承諾的範圍經過測試並加以定義之後，成果便會開始流動。宇宙會將你所要求的事物傳送給你，因此我們將第三步驟稱為**和諧**。

第三步驟的真義，是你可以擁有任何自己專注想望的事物，但必須犧牲其他的渴求做為代價，所以「為什麼我不能擁有我想要的？」這種怨嘆便得到了解答：因為你也想要其他事物，因此兩個渴望互相衝突了。舉例來說，也許你想要（1）賺很多錢，又想要（2）不占任何人便宜。比起只想要（1）或只想要（2），宇宙要將你要的組合願望傳送給你，必須花上更多的時間。

我們可以用簡單幾句話來表達前三個步驟：

1.「我願意。」

2.「我不要。」

3.「我知道。」

每次你做出一個新的承諾，就會再次從第一步驟開始，然後再進入第二步驟測試承諾。一旦你已經來到第三步驟，做出新承諾，在重複前兩個步驟時就會比較快速而輕鬆。雖然展開新的工作、發展新的關係與踏上新的道路，還是必須從第一步驟開始，仍然有持穩的進展，因為現在你對這個過程已經有了信心，能夠在新的狀況下順利地進行到第三步驟，獲得新的智慧。擁有某個領域的能力，會讓你在另一個領域時也充滿信心。

第三步驟的運作

工作時，帶著第三步驟產生的能力與信心，絕對能夠成功。現在你了解工作的所有層面，幾乎也能自動而完善地執行，不太會發生意外，結果也如你所預期。你可以快速學會新的工作技巧，就和原本熟練的技巧一樣得心應手。和諧這個第三步驟，內容完全就是信心與能力。

電影《深夜加油站遇見蘇格拉底》（Peaceful Warrior）描述一名非常厲害的體操選手，在一位大師的訓練下達到巔峰。[26] 大師的教導如下：

- 專注於當下。
- 永遠都有事情發生（覺知呈現出豐饒的活力）。
- 必須把垃圾倒光（淨空心靈，排除所有讓你無法專注當下任務的事物）。
- 學習傾聽別人沒有說出的話語。
- 過程比結果更重要。

這是專注教導的一部分，也是學習冥想的第一步驟。有了專注，就能獲得神奇的結果。只有目光穩定的人才能看見生命的奧祕。只要你集中精神在謎團上，思維就擁有解開謎團的力量，問題的解答會在堅定的注視下顯露出來。

如果我要解釋基督所說的「那門是窄的，路是小的」這句話，我會說生命中有一條直線道路，就像走在鋼索上一樣。馬戲團通常

有這樣的節目，事實上是這樣：當你走在鋼索上的每一步，都會害怕從這一側或另一側掉下來。印度雜耍呈現的畫面更為鮮明，他們會挑兩棵不太重的竹子，頂端用一條繩子相連，上頭擺一個金屬的滑車。雜技演員就站在上面，從一棵竹子的頂端移動到另一棵竹子的頂端。表演的時候，其他夥伴會在底下打鼓、唱很難聽的歌，干擾表演者的心智。不管下方傳來音樂或歌聲有多大聲，表演者必須專注並保持平衡。這樣的畫面就是生活真正的樣貌。

——哈茲若·音那雅·康 [27]

人際關係的第三步驟

在人際關係中，第三步驟會給予接納與信任。我們會在許多不同的情況下測試自己的伴侶，到後來我們都能夠預測他們的反應。在一般的情況下，我們也會知道他們的力量與弱點。你知道怎麼激怒對方，也知道哪方面可以倚賴他們，你清楚他們敏銳且強大，因此不需要進一步的測試。你信任自己知道的部分，也接受其他的部分。我們無法測試所有可能發生的情況，所以測試永遠做不完。在某個時間點，你會決定停止測試，全心信任。

有些人在認識新朋友時，會先有所保留，直到對方證明自己是值得信賴的。這些人還沒有進入第三步驟，對自己識人的能力沒有信心。有些人在認識新朋友時，一開始就相信朋友，不須對方證明自

己是否值得信任。當你不需要測試就可以信任，便是進入第三步驟了，你對自己識人的能力有足夠的信心，所以能夠信任。有時候也許會出現識人不明的意外狀況，因為人的內心深處總有祕密不會外顯。但相較不斷測試，信任能讓你更了解一個人。

很多人無法進入這個步驟。在沒有測試過的新狀況出現之前，他們只是暫時不去測試，有所保留地接納，這並不是第三步驟。只有發展出信任的人才能進入第三步驟。如果我們要求證明對方的一切，這不是信任，只是事實而已。

如果你能夠完全信任**某人**，就是進入了這個步驟。只要信任發展出來了，這個能力會持續成長，最後變成常態，讓你不需測試就能信任對方。在這個步驟中，即使有人讓你感到非常失望，你也不會失去相信的能力。只要愛來到第三步驟，分手後還是能夠重新愛人。你知道透過信任建立起來的關係是多麼美好、珍貴，相較之下輕易信賴會造成的風險便顯得微不足道。

覺得自己受到欺騙所以不再相信的人，其實從來沒有真正信任過，他們只是厭煩了測試，也就還沒進入第三步驟。失望之餘，他們懷恨在心，決定未來再也不做出更多承諾了。無法信任代表這個人仍然停留在第一步驟和第二步驟的循環。在靈性道路上，如果學生因為對導師失望，之後就排斥所有的導師，或是在戀愛關係中受了傷，決定再也不讓自己變得脆弱無助，都屬於這樣的狀況。這樣的人很難親近。除非進入第三步驟，不然他們將在孤單中度過一生。失望的心情讓他們將測試他人的標準提升到無法達成的高度。解決的唯一方法，是找一個值得信賴的人，譬如導師，讓他們付出

信任，練習相信他人。

第三步驟的和諧是來自信任。

仙人掌果肉有刺，可以保護自己不被動物吃掉，但如果長在懸崖邊，沒有動物能夠接近的時候，刺就會自行掉落。神祕的植物學家伯爾班克（Luther Burbank）在實驗室中種出一種沒有刺的仙人掌，他的方法是告訴植物：「在這裡你不需要長刺，我會保護你。」

第三步驟讓你在無人保護的脆弱時刻，也能夠蓬勃成長。你的人格之中不再需要尖刺來防禦，你不需要測試就能夠信任他人。

靈性中的第三步驟

在心律轉化法中，只有在你感到滿意，覺得我們的方法正確、導師真誠、課程有效的狀態下，第三步驟才可能發生。在這個步驟，你能感受到自己的心臟及心跳，並讓自己的呼吸變得有韻律而且完全。也許你會覺得心臟有點痛，但這樣的練習仍讓你感到安全。你不會擔心這條道路究竟要帶你到哪裡去，一路上發現的事物都讓你覺得很自在。你的信任能夠讓你從這一步開始進展神速。這個步驟中，學生遇到的困難，是對導師與道路的理解仍舊基於外在的觀察，可想而知，學生看到的導師幾乎都是投射。沒有人能夠光看外表就了解內在。要了解一個人，必須擁有進入對方內心的洞見，

我們稱這個過程為沉思，進入第四步驟後才會開始。專注是用頭腦思維去看，沉思則是用心去看與感受。思維的觀點會造成錯誤的印象，覺得他人與自己無關，以為憑藉自己的觀察，就可以對他人做出正確有效的評價。

在第三步驟中，我們無法覺察專注的限制，也就是這個階段只能膚淺地理解專注的目標。專注產生的理解很有用，但無法覺察到事物的微妙之處與內在意義。舉例來說，因為你接受了自己的缺點，所以能夠合理解釋他人的錯誤與失敗。「大家都是人。」你可能會這麼說，將一個蓄意的行為解釋為只是失誤，卻完全忽略了背後的動機。如果你是這樣認識自己的導師，特別會造成問題，因為你認為導師的動機與意圖，和你心中的動機與意圖是類似的。

有一次，學生看到導師在通過海關的時候，因為沒有申報在海外購買的高價錄音機遭到罰款。學生以為在這樣的狀況下，導師的動機應該是類似自己的動機，就是不想繳稅。但導師的想法完全不同：如果規定就是要付關稅，他並不在乎繳錢給國家；換句話說，他沒有犯法或省錢的意圖。導師只是心中沒有邊界的概念，所以他沒想到在這個國家已經付過錢的東西，到了另一個國家還要再付一次。但這種無邊界的意識，學生可能無法理解，因為他是用自己的思維模式去看待這個狀況。

另一個例子，有位導師開了一家小公司，正在拓展事業的重要關頭，卻因為分神照顧公司一名生病的小股東，所以停滯下來。導師遭到員工大肆批評，因為浪費太多寶貴的時間在這名無法繼續

投資的股東身上。但導師知道這名股東扮演著寓言性的角色，對於這家公司與目標有著深刻的意義。某些具有象徵與譬喻力量的古典模式，會反覆在人類歷史中出現，當有所覺察時，就能善加運用。導師透過幫助股東好起來，運用古代戲劇的力量，讓公司邁向下一階段的成功。

第三步驟的範例

以下是我們一名女學員的故事：

測試應該要結束了，顯然我無法進入第三步驟。我並不覺得這些方法正確、導師真誠，課程也沒有效果，我甚至必須花上很大的力氣才能不去排斥日後遇見的所有導師，更別提感情方面也受到傷害，所以我還得努力讓自己堅強起來……只能嘆氣。

接著，幾天過後：

新的一天，新的開始。音那雅・康說：「如果你不小心踩進爛泥裡，並不代表你就必須走在爛泥裡。」今天，我發現其實有一個人讓我覺得通過了測試，而且可以完全相信，那就是我自己。我在與自己的關係當中，體驗到和諧與信任，只要跟著心律動，對自己完全誠實坦白。透過觀察之後的接納，我走到這個階段。我

會繼續相信這個過程，即使要冒著進到最近的精神病院裡的風險。

然後，再過幾天：

今天我發現只有一種關係能夠走到終點，包括讓我痛苦異常的那段感情。是的，我不斷跌倒，希望從感情中獲得更多，努力想要抓住並擁有對方，沒有注意到我們之間流動的愛，固著於無止境的「欲望」，只想著渴求與擁有。但有時候，覺醒也會發生，我回到自己的心，發現對方就在那裡，穩定、強壯、不曾動搖，呼吸著「完美的愛」。於是，我感覺自己可以完全信任這個人，因為我們有著長久的連結與深刻的羈絆。我對對方的信任讓我理解到，對一個人的愛，是如何演變成對每個人的愛。

以下是關於信任的故事，來自我們的一名導師伊姆萊（Elijah Imlay）：

我和我的伴侶從來沒有嫉妒過對方。我們曾經熱切地爭辯，一起解決問題與誤會，這個過程強化了我們的愛。我從她的角度來檢視自己的生活，也從她身上學習到許多。

我相信我的伴侶：為人中肯誠實、即使害怕的時候也會鼓起勇氣行動、言行合一、堅持原則、在必要的時候，再怎麼不願意仍會努力說出難以啟齒的話、激勵我表現出最好的自己、支持我所有

層面的成長、相信我永遠不會背叛她的信任、無條件地愛我、永遠坦誠表達自己的需求、慷慨地奉獻自己、為她所愛人的而犧牲、敬重那些對她自己、對她的學生、以及對她生命中重要的人，影響深遠的事物、專注於重要的細節、完成自己設定的目標、幫助我腳踏實地、盡她所能提醒我，記住自己究竟是誰，我們究竟是誰，我們分享了什麼。

以下是來自我們課程中一名男學員的信任故事：

第一次讓我產生信任的經驗，是我認識山繆的時候，他就像我的靈魂兄弟一樣。我是在一堂人體功療（bodywork）的課程上認識他，那時我們在練習模擬生產過程。他對每個一起工作的夥伴都付出了全部的注意力，盡心盡力、無私無我，讓我感到不可思議。他在我身邊，用雙臂支撐著我。我用力掙扎、汗流浹背，大吼大叫了好久。最後終於從這個狀態放鬆下來，變得柔軟脆弱。我覺得山繆應該很想離開全身溼淋淋的我，但那時的我非常需要他人支持，所以我開口說：「我們可以先這樣不要動嗎？」他說：「你需要多久都可以。」如此包容、慈愛、無私、奉獻，讓我深受感動，因為我知道他是發自內心的真誠。我流下淚水，在他懷中哭泣。他一直等到我完全平復了才離開。

我們認識已經十二年了。成為他的工作夥伴後，我不再對他充滿幻想，反而有了更深入的理解，體會到他身為治療師的真誠，以及內心的神聖。因為與他的生活如此接近，知道他完全依心而

活，所以我能夠信任他。就算他偶爾失去了與心的連結，或是我們之間的連結，他都有辦法恢復，讓我們重新與自己的心連結起來。同時，他又充滿了人性，具有世俗的一面，也會犯錯，我知道他的靈性並非虛假，也不會誇大自己的能力。

我曾經測試過山繆，我把其他事情的優先順序擺在他之前，或是長時間和他失聯，他對我還是一樣地充滿敬重與慈愛。就算我們讓對方失望，總是能夠相互原諒。我覺得山繆和我之間，其實已經同心很久了。透過山繆，我覺得自己可以信任很多人，事實上每個人都和山繆很像！大家都會犯錯，但也都有著神聖的心，認真走在人生的旅途上。我不是隨時都能意識到每個人這個部分，某個程度上常常會忘記，不過一旦我集中精神，就可以看到。

第三步驟的反思

在第一步驟，你做出了承諾，探索過去的承諾如何變成生命道路上的里程碑，而這條道路起起伏伏地向前邁進。現在你知道承諾就是躍入未知當中，由內在的志向所驅動。你的意圖讓你從宇宙的結構中獨立出來，承諾則會將意圖付諸執行。獨立個體充滿意願的決心，推動了整個宇宙的方向，你透過承諾來引導創造的過程。

你的每一個承諾，都需要注入珍貴的注意力。我們的確是「付出」注意力。注意力這項有限的「資本」，是每次承諾時都必須付出的代價。丟棄的承諾與確認的承諾，都形成左腳右腳一步步踏出的道路。

在第二步驟，你看到測試過程顯現出真正的優先順序，並告訴你：怎樣的朋友、利益，以及自身的層面，才是名符其實的。你所進行的測試，代表了宇宙的意志；你遭遇的測試，是宇宙為了探測自己心智、辨別自己的路徑，所做出的動作。第二步驟是一種臣服，你受到自身承諾的約束，你的時間與能量會依照承諾來分配使用。

現在來到第三步驟，你通過了測試與重新做出承諾的循環，獲得了清晰的智慧、能力與信任。這條道路上，有許多步驟都需要測試（之後在第八步驟會進行更嚴格的測試）。到了第三步驟，你更容易信任與共鳴，更容易了解人與狀況。你已經證明了自己意圖的真誠，所以不需要測試就可以很快地受到宇宙的接納。

想一想，有沒有認識很久，或是連結（測試）很深，讓你覺得可以完全信任的人？你們的關係呈現出怎樣的和諧與信任？除了測試對方之外，你們是如何走到這一步？

註釋

26　改編自米爾曼（Millman, 2006）的小說《深夜加油站遇見蘇格拉底》（*Way of the Peaceful Warrior*），中文版由心靈工坊出版。

27　哈茲若·音那雅·康，《人類的優勢》（*The Privilege of Being Human*）第八卷，第六章〈人就和光一樣〉（Man is Likened to the Light）。

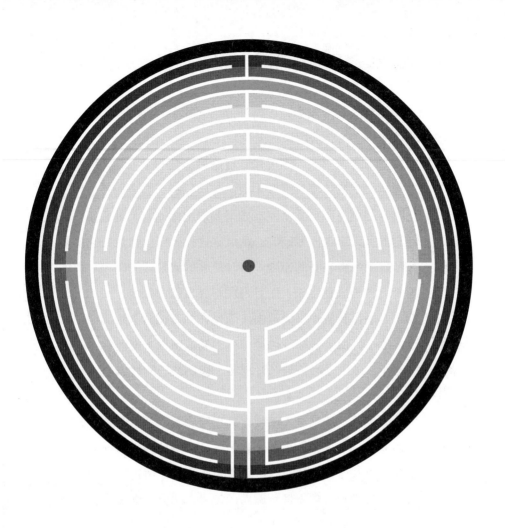

第十二章

第四步驟：理想化（Idealization）

有些人只用大腦，或者他們會說用頭來看人生，有些人是用心觀看生命。
這兩種角度其實有著非常大的差別，大到可能同一件事物，有人覺得屬於世俗，
有人覺得屬於天堂；有人覺得渺小，有人覺得偉大；有人覺得有限，有人覺得無限。
這兩種人形成完全相反的兩極。[28]

從以頭腦思維為中心轉而以心為中心

　　第四步驟是實踐的一大突破,將身分認同的中心從頭腦換成心。在生命的旅途中,我們常聽到有人說:「真希望能不再用大腦思考,而能轉而用心思考。」但心的感覺其實是最自然的事,為什麼會有人失去這種能力?為什麼這麼多人只依賴自己的大腦,而不使用原本就具有的心之洞見與勇氣?因為如果要運用你的心,就必須先感覺它,但對很多人來說,他們的心會感覺疼痛,所以會想把它掩蓋起來。大家多半會將心痛的原因,歸咎於其他人造成的傷害,但敏感的心本來就容易感到疼痛,而且每顆心其實都會受傷。人與人之間的差別,並不在於是不是受過傷,而是在於有沒有去療癒傷口。如果心裡累積了仇恨、後悔或恐懼,就會變成毒藥,腐蝕你的心,讓心無法運作。以下是哈茲若・音那雅・康對於心的教導:

　　在阿拉伯流傳著一個故事:天使從天堂降臨到人間,切開先知的胸膛,把不應該在裡面的東西拿走,然後把胸膛恢復原狀。這是一種象徵性的表達,給了我們通往人類生命奧祕的鑰匙。
　　會讓人將心門關起的是恐懼、困惑、沮喪、惡意、責備、失望和迷惘的意識。只要清除這些狀態,心門就會打開。
　　事實上,切開胸膛,就是把心打開。心的中央能夠感受喜悅的知覺,也能夠感受沮喪的沉重。因此,只要胸膛裡面有任何東西堵住,心就無法打開。把堵住的東西清除了,心就會再度開啟。
　　開放的心可以反射所有外界進來的影像,開放的心也接收得到內

在聖靈的反射。開放的心能夠產生表達自我的力量與美麗,如果心關起來,不管這個人學問多麼廣博,都無法將知識傳授給他人。

這個象徵性的傳說也解釋了,要去除產生苦澀感覺的元素,讓神聖之愛的種子在心中滋長,需要哪些條件。就像蠍子尾針有毒、蛇牙有毒,心這個神的聖殿也可能會有毒。如果聖殿分泌出致死的毒液,神就無法顯現,所以必須先淨化並落實,好讓神性揚升。能夠與整個世界同理的「先知的心」,就是這樣被調理備妥的,會製造出對他人藐視、憤恨與不快感覺的那滴毒藥必須先被摧毀。

很多人會討論心的淨化,但很少人真正知道那是怎麼一回事。有人說,純淨是消除所有針對他人的邪惡與怨懟的想法。具有理智與理解能力的人,不會想要在體內留下任何毒性;在心中懷有對他人的怨懟,是多麼無知。

如果一滴毒藥就可以造成身體的死亡,那麼心中的一小撮怨懟,就等於是造成了一千次的死亡。

在這個傳說故事中,切開胸膛是切開心的外殼,拿走的東西意味著對世人反感的任何想法或感覺;胸膛,就是心的象徵,當它注滿了愛,也就是神的真正生命。

——哈茲若‧音那雅‧康 [29]

打開你的心,會讓整個世界從黑白變成五彩繽紛。開放的心必須先癒合傷口,不然心痛會加劇,導致心再度關閉,落回只能使用頭

腦這個有限資源的境地。心如何療癒會在另一本書中討論，不過簡單來說，心要療癒就不能逃避受傷，也不能沉溺其中。你必須感謝你的傷口，而不是後悔，如此一來改變的就是能量，不是想法。

當然你會在某些時候、某段期間，體驗到心的開展。如果時間夠長到轉變你的想法、導正你的行為，你就真的受益無窮。達到第四步驟，便是擁有用心觀察的能力，可以看見所有人心中之美，即使那些人此時毫無所覺、漠不關心，或是刻薄的。

有些人要等到年紀很大了才有辦法進入這個步驟，有些人則是在童年時期就已經達到，並且一直維持著這樣的能力。這個步驟與年齡無關，可以在任何時候發生，一旦進入這個步驟便會讓你產生永久的改變。第四步驟讓你無需任何理由地充滿著想望、志向與喜悅，還有傷心欲絕的渴求——這就是心活著的證明！

迷宮中的第四步驟

到目前為止，這條道路都還容易理解，因為是踩著頭腦思維的腳步。在迷宮中，道路幾乎都是直線進行，只有第二步驟有個轉彎。從現在開始，道路會變得越來越複雜：有時候是因為後退才有所進展，有時候前進反而離目標更遠。對頭腦來說，這樣的狀況很讓人困惑。頭腦思維喜歡直線與一致，心喜歡圓形的轉動，像是漩渦那樣。一直到現在，我們都還可以客觀清楚地觀察自己，不過之後就會變得更加複雜、棘手與主觀，彷彿是談戀愛。規則不再適用，現在你被另一種牽制攫取了你的心。

第四步驟的突破非常戲劇性，當它發生的時候你絕對會記得。在容易遺忘的漫長歲月中，這是最耀眼、最教人印象深刻、最難忘的時刻。心的開放就是突破點，在生活不同的領域與層面，不會只發生一次，而是一次又一次。第一次可能是和宗教相關，或者藝術，或者在做愛的時候，或者在學校或是任何地方。然後在另一個場域又發生一次。最後，只要你願意，任何時候、任何地方都有可能。

　　這樣的突破象徵迷宮的道路突然從圓形的左側移動到右側。從圖上「3」的位置，道路往下延伸，在代表著頭腦的左側來來回回，直到頭腦思維完全淨化，煥然一新。接著，道路直接跳到代表著心的右側。這是第一次，道路來到迷宮的右側，展開可能的新世界。

　　請記得心開放時有哪些徵兆：

- 它發生得很突然、出人意料、充滿驚奇。
- 令人無法正常地說話或思考。
- 時間停止。
- 能夠清晰地記得這個時刻，彷彿昨日，歷歷在目。
- 這樣的經驗充滿了豐富的情緒，即使回想起來也還是情緒滿載。
- 感覺十分神奇，而且非常重要。
- 看到、聽到並感覺從來沒有過的感受。
- 改變你的一生，讓你進入人生新的一章。

　　你至少會擁有一次這樣的經驗，然後會再經驗一次。

- 有些人會試圖否認心敞開對他們的重大意義，他們比較喜歡沉睡不覺醒、機械化與可預期的世界。在這個心驟然敞開的興奮消退之後，他們就忘了關於人生最重要的洞見，而回到依賴理性的沉

睡狀態。

● 有些人覺得敞開很困擾，他們害怕真實世界比自己猜測的更廣大、更有活力，覺得自己無法控制這麼複雜、相互連結的世界，所以逃回自己熟悉的安全狀態，害怕其他受到真實世界吸引的人。

● 有些人在敞開發生並結束後感到沮喪。在瞥見天堂之後，他們急切地想要再度敞開。對他們來說，原有的生活不再具有吸引力，舊的事物沒有任何意義。因為對自我靈魂的理想的渴望，生命現在有了新的目標。

　　許多導師都曾描述過這種敞開，通常會使用「意識」這兩個字。顯然，意識產生了巨大的轉變。但，是什麼造成轉變？**心的敞開是原因，意識的覺醒是效果。**心的能量喚醒了沉睡中的頭腦。

專注與觀想

　　前三個步驟促進了頭腦思維的發展，產生客觀觀察與獲得智慧的能力。接下來三個步驟會促進心的發展，產生讓你成為自己所見樣貌的能力。哈茲若‧音那雅‧康將前面的技巧稱為**專注**（concentration），後面的技巧稱為**觀想**（contemplation），兩者的差別在於觀點。當你認同的是自己本身，你是在觀察；當你認同了他人或事物，就是在觀想。[30]

　　聖方濟有一天在穿過森林時，進入了觀想的階段。他突然發現：「樹正在看我。」這時的他不再是他自己，他認同了樹木，體驗到

樹木看著一個人走在林中的感覺。

日常生活中就可以觀想，觀想讓你擁有新的眼光，可以解決你用舊眼光無法解決的問題。普蘭曾說：

> 我想在一台實驗性的新電腦上跑一個程式的時候，遇到了麻煩。沒有任何除錯工具或外接設備可以顯示電腦內部的狀況，但分析電腦的輸出，我也不知道它究竟停在哪個步驟。我專注地檢查自己寫的程式，找不出哪裡出錯。於是我觀想電腦：盯著這台矽膠與金屬製成的機器，然後我利用呼吸，將電腦在吸氣時帶入我心中。我感受電腦本身，發現自己變成了電腦：我有著電腦軀殼，也有著電腦的思維。當下我感受到了一種迴圈。我檢查自己的感覺，發現迴圈發生的地方，於是直接找到了錯誤的程式碼。雖然專注到最後也可能讓我找出錯誤，但觀想更是捷徑。

觀想時使用的是思維更深的層面。思維更深層的部分，我們稱為「心」；心的表面，我們稱為「思維」。

心律轉化法，能夠讓你專注於自己的心，你會持續感覺到胸腔中的心跳。這種感覺便證明了你的注意力的確是放在心上。你不是只用想的，而是確實地專注集中在感受「我的心就在我身體裡」。

到了第四步驟中，你會確實感受到「**我就在我的心裡面**」，心變成寬廣的空間。你會從心的角度看到你自己，而不是從眼睛的角度看到你的心。從第四步驟開始的第二階段，讓你體會到心的觀想，你會走進自己的心中，認同心。身分認同的轉換，就是專注與觀想

最大的不同之處。

你也可以把別人的心當成自己的心那樣去感受。在此步驟之前，進入他人的狀態來觀想，根本是天方夜譚。只有處於理想狀態的心，才能讓你深入地用另一個人的角度去看。只有在尊重與愛的狀態下，才能真正去觀察並理解。處於理想狀態讓你在任何人身上都能看到自己的理想，進而與他們的心連結。

從心的角度去看

以頭腦思維看到的是思維能夠理解的事物，所以很多時候，科學家會忽略新的發現，因為他們無法想像。事實就在眼前，可是他們無法理解自己看到的事物，只看見自己能夠理解的東西。最簡單的例子就是日出。除非你知道太陽是在地球公轉軌道的圓心，不然就看不出其實不是太陽升起，而是地球繞著太陽轉。

心看到的是心記得的事物。在永恆的光與毫無保留的愛的世界中，靈魂經驗產生的記憶，會深深地刻在心上。思維與感官連結，而心是透過思維間接與感官連結。但是傳遞到心中的單一音符，能夠讓心進入神聖波動記憶中的狂喜。傳遞到心中的單純顏色或形式，能夠讓心進入光與美的記憶，發出嘆息、啜泣、躍動，或是充滿卓越創意的回應。

還沒進入這個步驟的人，通常會覺得理想主義者很不實際、太過浪漫。但現在你覺察到了現實更廣大的部分，而不只是大家都能注意到的表面。你看得出事物內部的發展，知道未來可以變成什麼樣

子，對於心而言，他已經是那個即將成為的樣子。

心被賦予能量的時候，會發出光芒（使用光子計數器便能夠測量[31]）。在這樣的光芒照耀下，世界看起來像是一個不同的地方，開始變得像天堂。單調、平面、黑白的世界，在心之眼面前，顯得奇特、深入且多彩多姿。

- 你充滿了心的自然體驗，深深地與一切事物連結，並懂得欣賞珍惜。
- 對於這麼多的可能性，令你驚奇，因為你看到的是即將演變的樣貌，而不是目前的狀態。
- 然後你會看到實際的樣貌，而不是表面的狀態。
- 事物外在的形態對於一顆敞開的心，會毫不保留的敞開，而它們的內在也會對心顯現出來。
- 現在你會發現外在世界是內在自我的鏡子。
- 你開始隱約看見人生的遠大目的。

發現理想的狀態，是把心打開之後的突破。在第四步驟，因為你發現了自己的理想狀態，你會看到其他人的理想狀態。在自己內裡看到的事物，可以從他人的外表看到，但你在自己身上所見的理想狀態，必須是你先在他人，例如老師，身上看到過的。

這個步驟也可以稱為「發現靈魂」，所謂的靈魂，就是純粹基本的存在、神性的種子。在心的冥想中，你會看見自己的靈魂反射在心的深處，於是喚醒了你對理想狀態的感受。這感受正是這個步驟的中心，所以我們將第四步驟命名為「理想化」（Idealization）。

理想

在第四步驟中，會出現想像的理想。

——哈茲若‧音那雅‧康 [32]

所有存在的美麗形式，都是這種理想的形式；所有能在人身上發現的優良特質，屬於這種理想；而世界上所有表達尊敬與奉獻的不同方式，也是由此而來。透過這樣的方式，我們在人生的道路上前進，讓理想越來越好、越來越大、越來越高，直到完美境界。

——哈茲若‧音那雅‧康 [33]

理想的概念來自你的心，實際的概念來自你的思維。所以很自然地，你的理想會比你覺得實際的事物要來得龐大，因為心比思維要龐大許多。此外，實際主義者也很自然地揶揄理想主義者，因為思維無法想像心所認知的可以成真。

你的理想是什麼？對每個人來說，理想都不一樣，因為理想來自我們的靈魂，而每個靈魂都是獨一無二的。靈魂的理想狀態，就是你對自己生命目的的洞見。你的理想會為純淨的靈（spirit）之白光染上色彩，並讓自己的心充滿繽紛的光。心若能敞開，這道光便會發散出去，充滿你的思維與身體，然後往外進入你的生命。但如果心處於封閉狀態，理想無法表達出來，便會造成精神不滿足的現象。

想要知道自己的理想是什麼，可以思考下面這個問題：「這個世

界目前最需要的是什麼？」對於這個問題，每個人答案都不同。「世界和平」這種答案淪於表面，只要你能稍微深入一點回答，你的答案便會透露出強而有力的線索，讓你明白深藏你靈魂的理想為何，就如同你的心能夠感受，你的思維能夠表達。

花點時間在冥想的時候仔細思考：「這個世界目前最需要的是什麼？」把你的答案記錄下來，然後再思考接下來的問題……

如果你覺得這就是最重要的事，為何不將自己人生擁有的所有時間與所有資源，都投注在這個目標上？精神不滿足的第二個原因，是你無法、也不願這麼做，不過這也同時伴隨著靈性上的樂觀與喜悅，因為發現了自己的理想該從哪裡開始。

第三種因為理想造成的精神不滿足，就是了解到每個人的理想都不一樣。你必須滋養、強化自己的理想，並容許他人也這麼做，而且這麼做可能會增加人與人之間的衝突。舉例來說，普蘭發生過這樣的故事：

我在越戰時期拒絕兵役的徵召，於是有幸和負責美軍募兵事務的赫斯將軍見上一面。他說他了解我嚮往和平的理想，他的理想是保衛國家安全。他不認為讓我的理想侵犯他的理想，是公平合理的事。我試著告訴他，我的理想比他的偉大，但我們之間的爭論無法獲得解決。

對於理想的歧異是所有爭論的核心。舉例來說，墮胎是否合法，就是兩個不同的明確理想之間的衝突，一個是要保護未出生胎兒神聖的生命，另一個是女性對於自己身體選擇的自由。

以下舉出一些理想的例子：和平、安全、神聖與自由。其他常見的理想還有力量、知識、歸屬、美麗、良善、同情、信賴、可靠、責任、正義、忠誠與真實。理想的種類當然不僅如此，它和彩虹光譜中的顏色，以及地球上的靈魂一樣多。你的理想不可能被說服或抹消，因為理想刻劃在靈魂當中。

如果你追求的是力量，就會渴求權位，結交能夠告訴你力量是什麼，以及幫助你獲得力量的朋友與情人。你會理解人群中的權力運作，會受到自然、商業、運動與政治中的力量所吸引。最後，你會找到權力的偶像，讓自己全心投入奉獻。

> 彼得總是說他會和茉蒂結婚，是因為她驚為天人的美麗。的確茉蒂是個美人。但他後來發現其實是因為茉蒂對他的無私奉獻，幫助他變得更成功、更有力量。後來茉蒂開始追求自我成長，而不完全只為彼得活的時候，就變得很明顯了。茉蒂的美貌並沒有改變，但她不再那麼吸引彼得，因為他的理想不是美，而是力量。

如果你追求的是美，就會願意犧牲力量或是舒適來換取。我們認識一位音樂家，他只要有小提琴，其他物欲都可以降到非常低。後來他改追求音樂之外其他形式的美，把錢花在購買美麗的物品上。他最喜歡拜訪的地方不是海邊或山中小屋，而是美術館。他喜歡和

美麗的人相處，欣賞幾乎是所有人身上的美。美是他唯一的理想，對他來說，再多的美都不夠，因為只有美才能餵養他的靈魂。如果你的心敞開了，而且理想已經被激發，生命就無法太過安逸滿足。對於理想的追求會驅動人生的決定，並影響到時間與資源的分配。最重要的是，對於理想的追求是發現自己最可靠的方法，因為理想的概念就是源自你天性的想像。

關係中的理想

和第三步驟相較之下，敞開的心能夠展現更深一層的親密感、無防備與同理心。心所呈現的理想讓人驚奇，既令人舒適又令人惱怒：

- 它帶來驚奇，因為往往在你覺得自己已經了解之後才驟然發生，突然間你會在一個人、一種狀況、一條道路之中看到神性。你在人與物的身上看到自己理想的痕跡，是那麼完美、永恆與無限，而你所看到的會讓你進而轉化。還沒有來到這個步驟的人，認為理想狀態太過浪漫而不真實，但你知道自己覺察到更大範圍的現實，而不僅僅是一般人所認知到的表面。你看得到事物由內而來的發展，你從事物原本就擁有的特性中看到未來的樣貌。

- 它帶來欣慰，是因為你馬上就知道自己看到的是一直在追尋的自我。在此刻之前，生命透過各種方式不斷瘋狂地尋求自我，像是找到一雙最能代表「自我」的鞋子、一輛最能表達「自我」的車子、一份最能展現「自我」的工作、一種最能「讓我做自己」的關係等等。現在你知道自己找到了：最根本又重要的永恆的「自

我」，生命從此變得不同。你現在擁有真正的洞察力，知道自己是誰，因為你發現了真實自我的特質。你也會在其他人、在大自然、在各種情況、在平凡無奇的事物中看到這些特質。你已經覺醒。任何事物對你來說，都有潛能成為你的理想。

- 它令人惱怒，是因為人們似乎無法維持你在他們身上看到的特質，無法活出真實的自我。同時，生命的遊戲風險也提高了。生命不再只是一般認為的愉悅、理解或成功。理想已經顯現，沒有任何事物會比這個更重要。雖然你已經預見了自己的理想，但卻無法掌握，最後你會感到不滿足。你看到了理想，卻無法成為理想。（這要到第五步驟才能解決）

你發現並在他人身上看到的理想，是專屬於你自己的理想，因為反映了你自身靈魂的特質。雖然你在別人身上看到這種理想，但沒有人的生活可以完全符合這個理想，因為這是你的理想，是你從自己的洞見中創造出來，刻劃在自己的靈魂與記憶中，反映出你認為的無盡之美、純淨的光與無條件的愛。別人也有屬於自己的不同的理想與渴望。不過，你還是可以看到心中的理想反映在別人的心中，因此讓這些人非常具有吸引力。

第四步驟會讓愛從熱情發展成愛慕，從自私的「快感」變成無私的摯愛。當你打開你的心，整個世界隨之改變，從這一刻起，你所處的空間和與你同在的人，都會對你產生極大的重要性。如果你的心是在大自然中敞開，接下來的人生就會受到大自然的吸引。如果你的心是在教堂敞開，你就會不斷的回到教堂，想要重新體驗曾經有過的感受。如果你的心是因為某個人在那裡而敞開，你就會不設

限的深愛對方。

道德

　　頭腦思維的建構，是為了感官的運作與處理。思維的調節可以讓我們分辨顏色、聲音、氣味與感官的細微差別。藉由思維卓越的能力，我們能夠從人的外表或聲音的些許不同，進而辨識出對方的身分，這是一種非常有用的能力。思維所接收到的訊息，會被判斷成是客觀且外於自己的部分，我們因此認為世界上的其他人都是明顯不同的，與我們是分離的存在。

　　對於主要以思維來體驗生命的人來說，沒有真正的慈悲。如果你覺得別人與自己是分開的，又怎麼會關心對方的感受？以思維為中心的人，能夠渴望的最高道德，是《聖經》的黃金定律：

　　你們願意人怎樣待你們，你們也要怎樣待人。[34]

　　黃金定律是用於人世間的運作，大部分屬於頭腦思維層面，因此也讓人際關係變成一種商業交易：「我幫你做了這個，你也要給我相同的回報。」其中沒有心的成分，只是透過智力維護的自我利益。

　　在心敞開的狀態下，我們無法否認自己與他人之間存有的連結。黃金定律不再是我們的道德理想。因為發現了自己的心，所以慷慨大方就有了意義。你對他人付出的善意，都會像山谷的回音，或是鏡面的反射一樣，回到自己身上。所有的想法、言語和行為，都會

在你的生命中迴盪，影響深遠。

這樣的概念也可以在《聖經》中的其他地方找到，像是「要愛鄰人，像愛自己一樣」，或是「你們的仇敵，要愛他！恨你們的，要待他好！」[35] 這些話開始有了新的意義。有人強逼你走一里路，你就同他走二里。要拿你的裡衣，連外衣也由他拿去。[36] 你不會受到剝奪，也不會受到責難，因為你是因愛而付出，心甘情願。

- 你對他人的付出，會回到自己的生命中。
- 你接受他人的給予，遲早必須以某種形式回報對方。
- 如果有人給了你什麼，他們會接收到比你得到的更大祝福。
- 如果有人奪走了你什麼，你會從其他方面得到，比失去的更多。

這樣的道德並不「合理」，無法辯證。如果你的心還沒敞開，沒有人可以用這樣的想法來說服你；如果你的心已經敞開，也不可能用其他的想法來說服你。

啟蒙

實踐的每個步驟都具有重要的意義，所以在靈性學校中稱之為「啟蒙」。這是第一步與第一次啟蒙。當你知道每個步驟都是一個啟蒙，我們便會覺察到有些事情確實發生了，它將成為生命中的里程碑，而且這會永久改變你的狀態。了解到承諾的價值後，你便能夠將未來的挑戰視為做出承諾的機會。

以下是哈茲若‧音那雅‧康對啟蒙的解釋：

啟蒙有點像是從來沒有學過游泳的人，第一次踏進河水或海水時並不知道：「我會浮起來，還是會被沖走溺死？」從世俗的角度來看，每個人都曾經歷過某種形式上的啟蒙。生意人開創全新的事業，沒有任何的支援，只有自己的信念：「不管我成功或失敗，都要向前踏出這一步，即使不知道未來會發生什麼事，也要著手進行。」對他來說，這就是一種世俗的啟蒙。又或者是，一個人第一次學習騎馬，他們也許從來沒上過馬背，甚至連馬車也沒坐過，因此不知道馬會把他們帶到哪裡去──這也是一種啟蒙。但是在靈性的道路上，啟蒙一詞真正的意義是，不管有沒有任何宗教信仰或信念，還是對於靈性事物有著想法或意見，都認為自己應該要往未知的方向踏出一步；當他們踏出第一步了，那就是啟蒙。

偉大的波斯蘇菲祕士葛茲里（Ghazali）曾說，**踏上靈性的道路，就像是射出一支看不到標靶的箭**，所以不會知道箭將射到哪裡；只知道自己把箭射出去，卻看不到瞄準的目標。這就是為什麼啟蒙的道路對於世俗之人來說非常困難。人性是我們與生俱來的特質，習慣於生活中一切事物都有名稱與形式，因而想要知道每一項事物的名稱與形式，想要親手碰觸去確定事物的存在。因此啟蒙的道路變得非常困難，因為它無法在感官上有所知覺。我們不知道自己正往哪裡去。[37]

「啟蒙」一詞說明了這些在道路上的步驟，是不可逆轉的結果而且會帶來永久的轉化。有時候啟蒙的壓力會超過我們容忍的程度，

所以有些人在啟蒙之後會經歷生病、憂鬱或上癮一段時間。如果有個老師能通曉人類發展道路上會出現的這些里程碑，並且他能夠清楚地指認我們的啟蒙，這會降低啟蒙的後座力。通常偶數步驟的啟蒙適應起來比較困難。

靈性學校中的第四步驟

> 在第四次啟蒙中，會出現人類想像中的理想狀態。在接受啟蒙後，一個人就會向外發散，這時他所散發的是源自內在啟蒙他的理想。
>
> ——哈茲若・音那雅・康 [38]

這個步驟中，心的敞開會讓你在別人身上看到自己的理想。你可能在這個步驟前已經拜師，但在心進入這個步驟之後，你的思緒才能領會導師愛的深度。

有個練習稱為「Tasawwuri」，意思是將導師當成是自己理想的焦點。在第四步驟中，我們會開始這樣的練習，這是一種最有益的觀想沉思練習。在這個步驟中，導師是你認識的人，而且也認識你。之後的步驟，對象是耶穌基督或先知（稱為 Rasul，使者之意），再之後則是神。

> 以導師做為觀想的對象，並不只是讓學生有一個專注的目標去尋找靈感，同時也是讓學生能夠在自己面前有個理想，不僅可以仰

望，還可以效法。我們可以隨時隨地在生活的不同狀態下，以導師的方法思考，以導師的方法觀看，以導師的方法感覺，以導師方法行動。這個練習代表了完全抹殺自我，讓靈魂變成一面鏡子。反映在鏡中的導師，變成了鏡中的靈，因為這個靈是保有在一個人的靈魂之中，因此我們也能成為同樣的靈。

——哈茲若・音那雅・康

高峰與低谷

道路上的步驟很像在玩「蛇梯棋」。我們可能先是走在直線的道路上，然後一座階梯把我們帶往全新的層次。但在往前幾步之後，可能會掉進一道溝槽，馬上讓我們落到比之前更遠的地方。心敞開之際就是登上高峰的時刻，可能持續幾分鐘、幾小時，甚至幾天，然後我們掉回低谷（用蘇菲主義的說法，高峰經驗稱為「Hal」，而低谷狀態稱為「Maqqum」）。

許多的高峰經驗累積起來，最終可以提升低谷層次的高度。每一次的高峰會增加信心，留下一道能量的痕跡，反覆地拓寬、加深。就像在樹林中健行，一開始沒有任何道路，如果想要再次拜訪同樣的地方，可能印象十分模糊。但下次你會走得比較快，一次比一次更為容易，到最後這條路就會像鋪設過的公路一樣。

高峰經驗就像作客，低谷才是屬於自己的家。低谷就像家一樣讓你隨意來去，但在高峰作客則是機緣，有點像是天上掉下來的禮物。

這解釋了為什麼我們在擁有改變生命的高峰經驗後，會再落回原本的狀況。我們仍然與所有陳舊、不成熟、未發展的行為有所連結。人類同時是動物與天使，所以有時候還是會出現像動物般的行為。但來到了第四步驟，代表我們擁有可以撼動自己的能力，不論在任何狀況下，都能夠很快地回到心所在的家。

如果你沒有鑰匙，必須等人邀請你進去，就不能說自己住在這裡。可是如果你擁有可以激發自我的模範與優秀可靠的練習方法，終有一天能夠宣稱這個最美麗的宮殿是自己合法的居所。昨天的高峰經驗（Hal）會成為明天的低谷經驗（Maqqum）。

覺醒是怎樣的感覺

普蘭是這麼描述自己經歷到的覺醒時刻：

一九八三年，我第一次見到我的妻子蘇珊娜。她靠著一堵牆，面對一群圍繞著她的人在說話。我剛聽完老師的演講，從大廳走出來，然後我看到她，就突然站住不動了。跟我一起走的朋友拉著我問道：「你為什麼盯著那個女生看？她是誰？」

「我不知道。」我回答。「她好像……好像是我認得的人。」那天發生的其他事情我都不記得了，包括老師的演講在內。就在那一刻，我的心敞開了，我記起了一個久遠以前認識的靈魂。我和蘇珊娜花了四年的時間才終於在一起。中間有許多的阻礙，但我一一跨越，因為我擁有理想。從相遇的那一刻到我們最後結婚的

這條路，充滿了許多不可能，而且對我和其他很多人來說，其實非常痛苦。但我失去了理性，為愛瘋狂。

不是所有的愛都令人瘋狂，許多的伴侶關係是因為相互需要、共同興趣、實際利益、長期相處或方便。我們的關係之後也發展出這些要素，但最初是因為覺醒的瞬間而開始。我的心敞開了，讓我經驗到靈魂的一段記憶，於是產生理想，也就是後來我追求的目標。

以下的故事來自我們的一名學生：

我討厭自己所在的地方，也討厭周圍的人。所有的一切都是如此虛假而雜亂無章。我離開這一切，沿著一條交通繁忙的公路走了幾小時，陷入深深的絕望。生命看起來沒有任何目的或絲毫美感。我實在是沮喪得不得了。我記得自己站在一座橋上，看著底下的車流，心想：「人生一點意義也沒有。我們出生、吃喝、繁殖、死亡。我可以自殺，但是又能怎麼樣？只不過再以另一種型態重新出生、重新再走過一次。」我消沉到即使自殺也無法讓自己得到解脫。

帶著極度鬱悶的心情，我不斷往前走。然後，就在某個瞬間，感覺好像地球本身覆蓋了我的迴路。我越過一座山丘，看到一片美麗的景色，午後的陽光閃耀在寬廣的河面上。大地與天空的光似乎穿透了我，像是純淨的能量波一樣將我淨化。我受到極度震撼，領悟到肉體其實是神聖的禮物，生命擁有無限的潛能；盡可

能真誠地服事這股神聖能量的責任，會帶來巨大的狂喜。這時候我明白了黑暗與光明的意義，以及為什麼我們所有人都必須為自己和其他一切的存在，好好選擇應該盡心盡力達成的責任。這樣的改變並非立刻作用在所有層次上，但的確是持續在運作。我以前從來不知道，透過各種形式培養我們內在的力量，是一種選擇，也可以說是天賜的義務。

有人是因為目睹了不公平事件而覺醒，就像我們學校一名導師伊麗莎白‧史密斯（Elizabeth Smith）的例子：

我的小學在我六年級的時候廢除了種族隔離。有一天我在回家途中經過高中校園，隨意走進了體育館，裡面充滿了汗味與尿味，我到現在都還印象深刻。在體育館裡，我看到了兩名黑人少年被綁在高高的籃球架上，其中一個還尿了一身。他們底下圍了幾個白人少年，抽出皮帶鞭打這兩名黑人少年，即使下手並不重。白人少年一邊嘲諷一邊大笑，極盡羞辱之能事。體育館裡的成年人，有幾個看起來很生氣，但完全沒有出聲干預；兩名白人警官站在旁邊也不插手。

回憶起這件事，我現在的感覺還是和當時一樣：完全呆住，很想吐，很想消失。我脫離了自己的身體，從高處看著這件事情發生，同時又縮在地上，覺得全人類都讓我反胃。我覺得很無力，完全被憤怒所淹沒。我的世界變得沉寂，耳朵也關了起來，無法思考，只能感覺。我走出體育館，震驚不已。

當天原本讓我感覺充滿希望，因為早上我才看到一群黑人孩子，穿著做禮拜時最好的衣服，由他們的父母帶進學校。這是多麼美麗的景象，我必須強忍住淚水不落下，下午我卻感受到黑暗的沮喪與憤怒。

這樣的發現看起來很明顯是互相矛盾的，認知到人類可以是如此教人無法容忍的殘酷，也可以是超乎尋常的慷慨。寶拉‧羅姆（Paula Roome）這麼描述自己的覺醒時刻：

> 我整個心碎，哭到停不下來。我覺得世界毫無希望，我們人類對待彼此的方式，殘酷、爭戰、貪婪……壓垮了我；然後我看到了人類的美麗之處、希望與愛的能力，我們願意改變，願意敞開心胸。

有人則是體驗到共時性，如果持續不斷地出現這樣的狀況，就代表來到了第四步驟。這樣的經驗顯示出心對於思維的作用。思維無法理解生命事件之間相互連結的複雜性，也無法覺察到作用其中的力量如何撥動琴弦來操弄世界，只有當力量透過共時性浮現時，思維才能有所認知。以下的故事清楚地說明了這個現象：

> 我和朋友興高采烈地走在路上，聊起一個遭遇困難的朋友。我說我覺得她是一隻外地來的受傷的小鳥，沒多久我們就看到路上躺著一隻色彩斑斕但奄奄一息的小鳥。

回家途中，我在機場買了一杯卡布奇諾。店員把咖啡拿給我，我看到咖啡上有朵美麗的拉花：一顆多層次的完美愛心。我們驚嘆於這個徵兆，更加確定自己是走在心的道路上。

心實際上是這種力量的創造性源泉。共時性事件，代表心闖入了頭腦的空間。

覺醒之後的狀況

有些人會在覺醒的當下拒絕承認其重要性。這種心態可能會強烈到讓他們忘記覺醒的瞬間。如果你願意帶著覺醒前進，將之融入自己的生活，就不會再回到原本機械化、可預期、死氣沉沉的世界──這樣的世界只適合那些害怕神祕經驗的人。

有些人會因為覺醒而困擾，即使覺醒經驗十分愉快；這並不令人意外。他們所瞥見的現實，比原本能夠猜測的要來得更大、更活躍，他們無法想像自己該怎麼控制這樣一個相互連結的複雜世界。控制（或者說是控制的「錯覺」）對他們來說還是很重要，因此會想逃回自己了解的安全傘下。一旦這股新奇感消逝，便很容易忘記那一瞬間依心而活的感覺，回到理性的沉睡狀態。

有些人會在覺醒發生、然後消逝之後，變得十分沮喪。他們瞥見了天堂，急切地想要再度回去。舊有的生活不再吸引他們，舊有的目標變得毫無意義。生命現在有了新的目標，那就是對靈魂理想的渴望。

理想化的困難層面

和任何巨大的轉變一樣，第四步驟也有自己的挑戰，因為這是一個偶數的步驟，所以挑戰便包含了臣服。第四步驟的臣服，要比第二步驟測試中所發生的更深刻，是臣服於新發現的理想所產生的個人渴望。

發現理想，可能讓你感到非常震驚，因為那通常發生在思維相信自己已經了解了大部分應該了解的事物之後。突然之間，你在某個人、某個狀況、某條道路上，看到了神性。你看到了理想的痕跡：完美、永恆與無限，在人與物的身上一閃而逝。這樣的洞見是會轉化的。一開始你也許以為只是想像或幻想，只是看到自己想要看到的景象。之後卻發現，比起舊有方式，用這樣的方式觀察世界，更真實、更強烈。一種全新的看法、經驗與存在開始浮現，感覺起來就像自己重生了一樣。

到目前為止，我們討論了覺醒的各種美好的層面，但其實第四步驟會讓生活變得更加艱難。堅持理想的生活很不容易。覺醒的心，讓思維突然發現自己被更有力量的機制所取代，思維並不具有心那樣的洞見與力量。這樣的發現很不好受。我們看到了這個世界和所有一切都比以前想像得更為美好，卻無法使用這輩子一直信任依靠的思維來體驗這種感覺。在還不知道心的運作方式時，必須等待改變生命的神奇時刻發生，就像一道光照進了黑暗的房間。之前你習慣於黑暗，現在你知道可以擁有更多，實際上，黑暗不是你的自然狀態。

覺醒的時刻一閃即逝，你發現自己無法掌握覺醒之美，於是退回原本的心靈狀態，舒適，但卻不滿足。

一名學生敘述了自己在追尋覺醒經驗時的沮喪心情：

我努力地想要進入覺醒的狀態，但什麼都沒有發生，然後，我等待，其實是放棄了，結果居然就發生了。

努力很重要，專注才能讓你的注意力集中，但光是努力並不夠。心的覺醒還需要意圖。兩者加在一起，整個過程才會展開，從密集深層的專注進入到一種較為被動的狀態，好讓努力結成果實。這種過程比較像是開花結果：植物在果實長出來之前就匯聚了強大的能量。你需要全然相信接下來發生的一切是完全正確的，才能讓自己進入被動的狀態，全然敞開，毫無防備。對於喜歡自己能夠應付掌控一切的人，這會是巨大的挑戰。

使用藥物進入覺醒狀態

許多人說自己曾在藥物的影響下體驗到覺醒。著名的靈性導師與作家藍姆・達斯（Ram Dass）常說，用藥的確有幫助，因為藥物可以讓我們看到另一種現實，但這只具有短暫的效用，無法讓我們永遠處於這樣的狀態。我們可以說，用藥其實一點都不真實，反而完全是假象。冥想時得到的經驗並不一樣，為什麼我們會說冥想比較真實？因為冥想是可以操作可以實行的，我們真的能夠透過冥想改

變現實狀態。

普蘭對藥物有很明確的看法。他曾經與著名的心理學家提摩西·李瑞（Timothy Leary）會面。李瑞非常支持使用迷幻藥物來輔助個人發展與靈性覺醒。

一九八〇年，李瑞來我家拜訪，他幾乎無法好好說話。他用的句子很長很複雜，辭藻華麗，但內容空洞。我完全不想反駁他，因為沒有意義，只是很為他感到難過。他因為當了一名開拓者而付出代價，那個時候沒有人知道 LSD 的長期副作用。達斯和李瑞曾是好朋友，早期進行迷幻藥實驗時也一起合作過。但達斯更深入自己的靈性修行之後，就放棄使用藥物作為覺醒的手段了。

宇宙會保護我們，我們所看到的現實不會超過自身的處理能力。但是藥物會覆蓋這種保護機制，所以使用藥物引發的覺醒很難與心理層面整合。

任何經驗都對我們有幫助，但也可能造成危險，端視你怎麼處理，神經系統是否能承受，以及之後怎麼詮釋。顯然，許多人從未有過靈性的體驗，不管是不是曾經使用藥物。但只要學過冥想，任何企圖改變頭腦思緒的物質都會讓冥想受到阻礙。

藥物無法給予覺醒需要的能量，而是帶走能量。不斷使用藥物常常會讓你突然陷入沮喪狀態，因為藥物會奪走身體細胞的能量，傳送到心臟去。不管是在狂喜發生之前或之後，你會覺得相對低落。幸運的話，這種低落會在發生在睡覺的時候，或是持續幾天處於低

能量狀態。

我們的導師禁止學生使用任何藥物。我們並不是什麼都禁止，因為所有的經驗都有其價值，每個人也必須盡其所能找到自己的道路。我們不建議學生使用藥物來獲取覺醒經驗，只是因為還有更多可靠的方法，不需要冒著產生幻象或能量枯竭的風險。我們認為，心律轉化法是讓內在理想覺醒最有效的唯一方式。

第四步驟的反思

回想你記得的覺醒時刻，以及這樣的覺醒對自己的生活造成怎樣的改變。也許並不是立刻的改變，但一定會發生。

之前我們檢視了承諾如何開啟人生中的章節，現在我們想要看看覺醒如何塑造承諾。

覺醒經驗常常是新承諾的起點，不過大部分的承諾並不是因為覺醒而產生，因為覺醒時刻相對來說十分罕見。大多數人做出承諾是因為有很好的理由、合乎情理、感覺對了。舉例來說，很多人結婚，不是因為戀愛的心動感覺，而是他們花了很多時間相處，覺得和對方在一起很舒服、愉快，彼此接納，認為接下來兩人更進一步的關係就是應該走入婚姻。他們做出婚姻的承諾，是基於信任與理解（第三步驟），而不是因為第四步驟心的覺醒所產生的理想。

我們如果在第三步驟做出婚姻的承諾，到了第四步驟便會轉化。這段關係可能因為其中一人發現理想所帶來的新挑戰與熱情而變得

緊張，又或者當雙方進入自己的心以及對方的心，這段關係因此復活重生了。

在經歷了神奇的覺醒，將心敞開之後，你可以毫不猶豫地馬上做出一個承諾（第一步驟），然後必須經過測試（第二步驟），接著理解自己所做的事情（第三步驟）。但如果你能夠記住覺醒時的洞見與情緒，就可以輕鬆快速地完成以上這些步驟。

註釋

28 哈茲若・音那雅・康，第八卷，《蘇菲教派教導，心的品質，用心看生活》（*Sufi Teachings, The Heart Quality, Looking at Life form the Heart*）。

29 哈茲若・音那雅・康，第九卷，《宗教理想的統一，宗教概念的象徵意義，切開先知的胸膛》。

30 專注、觀想與冥想的詳細討論，請見《心律轉化法》，74-75 頁。

31 普蘭曾參與示範心如何發光的有趣實驗。貝爾（2007）。

32 哈茲若・音那雅・康，第十卷，《啟蒙與門徒的道路》（*The Path of Initiation and Discipleship*），第一章，〈啟蒙的道路〉。

33 哈茲若・音那雅・康，第十一卷，《生命中的神祕主義》（*Mysticism in Life*），第六章，〈神祕主義的理想狀態〉。

34 《馬太福音》7:12，《路加福音》6:31。

35 《路加福音》10:27，《路加福音》6:27。

36 《馬太福音》5:40-41。

37 哈茲若・音那雅・康，第十卷，《啟蒙與門徒的道路》，第一章，〈啟蒙的道路〉，向前的一步。

38 同上，第一章，〈啟蒙的道路〉，第四次啟蒙。

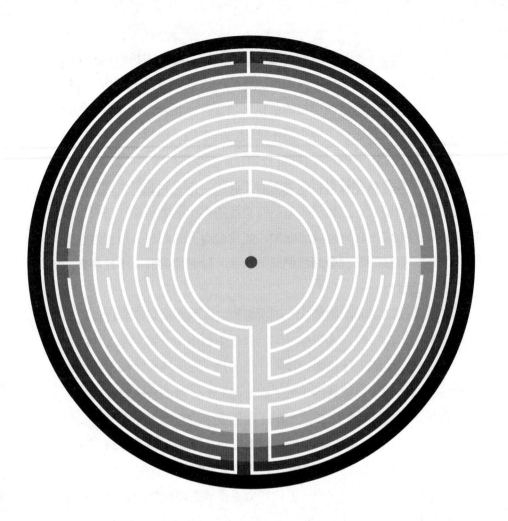

第十三章

第五步驟：專長（Expertise）

〔第四步驟〕我們發展出自身的美感，自然會對不符合我們標準的事物百般挑剔。
但只要過了這個階段，來到下個循環〔第五步驟〕，
我們的本質便會發展出具有神性的同情心，
並且有能力補足所有的缺失，因此彌補了圓滿之美。

──哈茲若・音那雅・康 [39]

第四步驟帶來了心的覺醒，產生了美妙的經驗，讓我們領會生命中理想的愛、美與和諧。第四步驟覺醒的挑戰，是做出承諾，並排列出優先順序，將這些卓越的洞見付諸實行，並通過適當合理的測試。我們必須讓思維了解心原本就知道的事物，以及心在覺醒時刻想要告訴我們的事物——這就是我們在第五步驟時面臨的挑戰。

第四步驟會讓你覺得百般挑剔而不滿足：你看到並感覺到反映在心中的靈魂特質，但無法將這些特質運用在生活中。你知道可以改善關係的方法，也曉得該怎麼做才能符合自己的理想，但卻沒有能力實踐，這樣的狀況會讓我們感到沮喪。**除非能夠將心中理解到的事物付諸實行……**

如果覺醒時刻的次數稀少，兩次覺醒之間的空檔可能會比沒有經歷覺醒時刻還要難過。覺醒一開始只是生命中一個獨立而美好的時刻，之後可能隔上好幾個禮拜、好幾個月，甚至好幾年都不會再經歷這樣的覺醒。但隨著越來越了解自己的心，我們會感覺心敞開的次數越來越頻繁。對某些人來說，他們從來沒有感覺到覺醒之間的空檔會是難題，因為心的覺醒出現得很早，又發生得很頻繁。**只要我們能夠保持在以心為中心的狀態時間久一點，次數多一點……**

你也會看見別人的理想，但他們似乎也無法將理想付諸實行。**除非你的伴侶、家人和朋友能夠成為你看出他們能夠成為的樣子……**

第四步驟的另一個難題，在於你的心讓你看到的，是周圍很多人都否定的現實狀態，包括你信賴的人，像是父母與朋友；你因此覺得被孤立，而且會在人際關係方面承受到自己不希望發生的變化。你看到了生命的理想，但其他人看到的理想和你不同，他們會跟你

爭論，或是完全不懂得欣賞你所看到的，因此無視於你。**除非你能夠讓他們看見你所看見的……**

在第五步驟中，你會歷經一個體悟：沒有其他人會幫你把理想帶入生命中。事實上，你抱持自己獨特理想的理由，就是要去創造它，將之付諸實行。這會讓你的力量有所突破，發展出創造的才能，以表達自己所見的理想。

創造出你的理想

在第五步驟中，理想會從意象變成實體。你從想像理想的狀態，進入到理想就存在於你之中。理想變成像朋友那樣，陪著你走在生命的道路上。這是一個永遠都在你左右、永遠可以相信依賴的朋友。

你理解到，雖然無法找到能夠讓你活出心中理想的環境，但是可以去創造這樣的環境。這是非常深奧的發現：理想無法在任何地方、狀態或人的身上找到，但可以在你所選擇的任何地方、狀態或人的身上創造出來。**你的理想不是尋找到，而是創造出來。**

事實上，理想必須被創造出來，沒有其他方式能夠尋求它。只有你才能建構自己的理想，因為你的理想完全屬於你自己。在第五步驟中，我們的確就是在創造理想。我們不再依靠其他人，希望他們變成自己想要的樣子，或是讓事情變成自己喜歡的樣子。**我們現在就是專家，可以建構自己的理想。**我們可以將理想畫出來、唱出來、寫出來、打造出來、活出來。

在人際關係中，你可以將在別人身上看到的理想引領出來。你已經學會如何去發展你在他們身上看到的特質。在工作方面，你能夠創造自己的事業，而且從中獲得無限的滿足。你讓自己的理想成真，理想就在你的四周，不再只是抽象或不具體的概念，你因此覺得非常滿意，因為擁有真正的能力，而產生了真正的自信。

觀想沉思的力量成為運作方式

> 要說明觀想的力量如何運作，是一件困難的事。熟悉觀想運作方式的人，通常會說觀想的結果是一種現象。心／思維為什麼會有擁有創造力，是因為聖靈擁有創造力。既然聖靈擁有創造力，心／思維做為聖靈的繼承者，也就繼承了創造力。
>
> ——哈茲若·音那雅·康 [40]

第五步驟是在觀想沉思的過程中邁出了一大步，**擁有能夠與另一個人或物交換身分的能力。現在你可以和自己專注的對象溝通，同時這個過程也會引導你**。第五步驟中，觀想沉思是以雙向的方式來運作，也就是說，你可以理解自己觀想沉思的對象，也可以影響自己觀想沉思的對象。發生在你身上的事，也會發生在對方身上。透過觀想沉思，你可以確實改變你所觀想沉思的對象，帶出他深藏的內在特質。

我們將第五步驟稱為「專長」。身為專家，你會感受到自己的成就與力量。很自然地，你希望得到其他專家的認同，以確認自己的

狀態。專家深知自己的成就需要高度的個人駕馭能力（發展出專注的能力）與開放性（進入觀想沉思的狀態）。由於你的專長，你可以接近最令人嚮往的人，他們會認同你跟他們並駕齊驅。

第五步驟的工作

> 可能有人會問，觀想沉思能夠幫助我們到怎樣的地步。世界上沒有任何事，是懂得觀想沉思的人無法完成的，他們只要知道如何觀想沉思，就能成功。當然，對此不了解的人會嗤之以鼻。人們會懷疑心到底和外界事物有何相關。一個人也許可以幫人治病，但如果出問題的是事情，譬如和金錢或是生意有關，那跟心又有什麼關聯呢？答案就是，所有存在的事物，不管生意也好，其他事情也好，看得見的、看不到的，感覺屬於外界的，事實上都存在於我們的心。我們會覺得是外界事物，因為我們的眼睛看起來覺得是在外界，但事實上一切都存在我們的內心，因為心包圍一切。一切都在我們的心中。心就是外面世界的居所。
>
> ──哈茲若‧音那雅‧康 [41]

　　在工作方面，你創造自己的事業，獲得無限的滿足。就算是受雇於人，你也可以找到自己的路，位居重要的關鍵位置，無人可以取代。你在組織中產生了巨大的影響，就算頭銜並非最大、薪水並非最高，卻具有至關重要的功能，是讓一切順利運行的關鍵。

　　你就如你曾經想像自己能成為的最偉大的模樣，你感到很榮耀。

你站在自己的競賽的頂點，理解到的事物、說出的話和做出的事，連自己都感到佩服；認同與崇拜來自四面八方。

第五步驟的關係

第四步驟讓你的心敞開，看到另一半身上的理想，但也因此對他/她產生期待，你們的關係進入了更為關鍵的階段。理想無法掌握，生命因此變得更艱難。理想有如浮光掠影，極其震撼迷人，但沒有人能夠在生活中不辜負你的理想標準。第四步驟這個偶數的步驟，事實上會讓你的關係變得更脆弱。進入第五步驟則可以解決這個問題，讓你的關係恢復穩定。你會發現，自己與另一半之間的連結，會大大地影響另一半依心而活的能力。你知道自己能夠幫助對方發揮強大的力量，你也知道人們需要幫助才能看到並成為自己真正的樣子。因為你認知到另一半在許多方面都有強大的潛能，你有獨特的能力引導他/她發展成長，像是自己曾經受到啟發那樣去啟發他/她敞開自己的心。

> 愛是歡愉或喜悅嗎？不是，愛是持續追尋，愛是恆久不懈，愛是耐心盼望，愛是甘願臣服，愛是時時刻刻關照摯愛的喜怒哀樂，因為愛是臣服於擁有你心的人的意志。因為愛，我們學會了：「是你，不是我。」
>
> ——哈茲若・音那雅・康 [42]

另一半若沒有成為你所知道的應有樣貌，你不是批評，而是了解到：「我還沒有盡一切能力，把對方心中的高貴、和善、慷慨、勇敢、和諧、喜悅的一面帶出來。」因為你發現了心的力量，所以對於自己可以影響並啟發另一半的能力很有信心。在第五步驟中，你知道自己的責任是創造出一心追尋的理想，既然看到了另一半身上的理想潛能，你的角色就是協助他／她成為你知道他／她可以成為的那個很棒的樣子。

第五步驟的運動

　　當一個運動員處於登峰造極的表現時，他其實就是處於觀想的狀態。若想要登峰造極，運動員必須懂得將注意力集中在基本動作上，專注於步驟、過程與練習。等到注意力完全集中的時候，就會進入觀想狀態。接下來運動員不會再意識到步驟與過程，也就是自身動作的細節，一切行為變成自動化反射。[43] 重點在於結果，而非過程，運動員的身體會自動做出必須的動作，以達到成果。舉例來說，職業高爾夫球手，並不會將注意力集中在擊球上，而是專注於球的落點。身體會負責機械化的動作，專家只負責最後的結果。

　　運動的學習，一開始會專注於特定的技巧，可能要花上許多年。但想要達到精通的程度，必須能夠瞬間轉換注意力，步驟與細節不再是重點。起初是運動員執行運動的動作，然後是**運動本身透過運動員呈現出來**。真正的專長行為所需的協調合作，對於思維來說太過複雜，必須透過心的運作才行。這時去問運動員如何做到，便

會讓他／她脫離這種登峰造極的狀態，因為自我觀察會讓觀想中斷。

你可以看得出運動員什麼時候脫離觀想狀態，回到專注階段，因為動作會很明顯地完全中斷，稱為「鯁住」，有時候會在壓力極大的競爭下發生。暢銷作家格拉威爾（Malcolm Gladwell）曾經很貼切地描寫過這個現象，他舉的例子是一九九六年的美國高爾夫球名人賽。諾曼（Greg Norman）原本遙遙領先，後來有一桿沒打好：

> 因為這個失誤，他的內在有個東西斷裂了。到了第十洞，他把球打到左邊，第三次打超過球洞，又推不進去……到了第十六洞，他的動作變得僵硬不協調，揮桿時臀部超出身體的位置，球因此掉進另一個水塘。44

想要在競爭激烈的運動項目成為頂尖的運動員，必須非常熟悉觀想沉思的狀態。一旦無法進入觀想沉思，便會落到悽慘的狀況。由此可知觀想沉思力量的強大。

第五步驟的治療

觀想狀態的神奇力量，讓各種不同的努力受益甚多。專業治療師透過觀想來同理個案，可以讓個案在無意識之中告訴治療師問題的解決方案。治療師的心作用在個案的思維上，讓個案看到了只有他們自己時無法看到的細節。治療師的觀想狀態也能夠積極改變個案，由於受到治療師的心所感動，個案的內在特質會被引領出來。

第五步驟的音樂

在音樂方面，音樂家的專注會透過高超的演奏技巧表現出來，至於觀想狀態則是反過來，讓樂器彈奏著音樂家。我們曾欣賞過一個著名的基爾丹（Kirtan）老師的音樂會，這是印度教的呼喚和回應的吟唱練習。大師技巧高超精準，是一位傑出的音樂家，但他卻沒有讓音樂吟唱出自己。如果你已經來到第五步驟，就能夠覺察到，對自身能力充滿信心的音樂家，會在哪個時間點讓自己與樂器同步，並讓樂器引領自己演奏音樂。

蘇菲主義的觀想沉思讓心充滿韻律，甚至進一步讓血液循環規律，脈搏與全身身體機制都變得具有律動感。如果思維能覺知到這樣的律動，進而也充滿了韻律，那麼蘇菲行者整個人便化身成為音樂。這就是為什麼蘇菲行者能夠與一切互相和諧，融為一體。音樂讓世界上的一切在他或她眼中活了起來，也讓他或她在所有人事物的眼中活了起來。

——哈茲若·音那雅·康 [45]

第五步驟的諮商

第五步驟會遭遇的困難是，專業知識其實無法應用在其他領域或挑戰上，但進入第五步驟的人卻以為專業知識能夠交互應用。事業成功的人覺得自己找到了一項公式，能夠適用於任何人和任何工

作。

　大部分的商業顧問都是這樣的專家：他們找到了成功的模式，適用於自己的狀況，而且覺得自己發現的是絕對真實，可以應用在所有人身上。他們的建議對某些人有所幫助，但卻傷害了其他人。舉例來說，業務訓練講師的強力推銷技巧，如果要用在以完善客服為理想的事業上，可能就不會成功。

　我們認識一位女性，她上了一門專精於時間管理的顧問所開的課。這門課程保證所有人都可以因為時間管理而受益，因此教授了各式各樣羅列清單與節省時間的技巧，以達到最高效能。我們的朋友一向不是很有條理組織，她認為這樣的技巧可以幫助自己，但很快地她就放棄了。她是個聽從直覺的人，雖然每天的生活是隨興所至、毫無邏輯，她卻比較快樂，也比較有成就感，這是事先規畫好所有的時間無法給予的。但這位精通時間管理的顧問無法理解其他方式的價值。這就是專業的限制。

第五步驟的 IAM

　在我們的課程中，第五步驟會讓學生精通熟練心律轉化法，穩定可靠地敞開自己的心，創造出能量、情緒與洞見。你能夠隨時應用冥想時得到的洞見與信心，來處理生命中的挑戰，達到更加成功與專長的境界。

　在這個步驟中，你會感受到成功、圓滿自足，也會開始產生低估導師價值的傾向。你覺得自己已經不再是「追尋者」，因為已經「找

到」自己想要的了。身為專家，你自然會覺得導師其實和自己的程度差不多。要承認導師現在還是比你的理想更為高段，會衝擊到你對於「理想」的概念。在靈性的道路上，許多走到這個階段的人，需要再花上十年，甚至更久，才能繼續往前。

第五步驟的教學

現在你很自然會覺得自己所熟悉的練習可以適用於任何人，所以你可以開始教人了。但在這個階段，你還沒出師，只能引導那些和你擁有一樣理想的人，因為你的方法只能應用在自己的理想上。也就是說，你發現的方法對自己有用，但可能對其他人沒用，甚至會對某些人造成實質的傷害。

在第五步驟就開始嘗試教學的人，我們稱為「假導師」（false teacher）。這樣的人「不知道自己其實不知道」。[46] 他們不知道，想要教導充滿求知欲望的人，必須了解更多的事情，更不知道導師必須擁有足夠的能力，才能讓自己的教導與學生的心理狀態相契合。如果在第五步驟想要從事教學，那麼就只能教那些和自己背景相同，並擁有相同需求的人。

在之後的階段，第七步驟，你將對教學有了更全面的理解，能夠加以示範，並更深刻地洞察人的本質。綜合上述能力才會產生真正的導師，根據學生的需求、實踐的階段與原型（archetype）來因材施教。

在第五步驟的人很難找到自己的靈性導師。你選擇追尋的目標進

行得相當順利，所以你的理想會傳授你所有關於生命的一切，你需要知道的就是該怎麼做才能讓你更成功地接近自己的理想。

範例

我們的學生提供了許多和第五步驟相關的經驗與體會。

我從六十公尺高的起重機上往下跳，只靠著一條綁在腳踝的高空彈跳繩索做為安全措施。影片裡看起來很壯觀、無畏而優雅。我覺得自己飛了起來，完全地自由。

∞

我為這次的馬拉松準備得很周全，身心都好好地鍛鍊了。十六公里。我知道自己做得到，但讓我驚訝的是，自己居然馬上就「進入狀況」，而且全程如此，於是造就了我個人的新紀錄。

∞

我在高中帶了一班「情緒障礙」的學生，主要的任務是讓他們覺得上學很開心，並激發其學習動機。大部分老師都很怕這些孩子，我卻樂在其中。他們畢業的比率相當高，這點讓我感到十分驕傲。

∞

我在醫院擔任志工團團長，部門包含了十幾名員工以及數千名志工。這份工作需要精明圓融的政治與人際關係處理手腕，懂得如何編排訓練課程和衝突解決技巧，還要擁有心智、心、直覺與驅

力的特質。雖然條件這麼多，但我當初很輕鬆就得到這份工作。我覺得自己能夠幫助部門同仁感到十分自在、成功，且獲得充分的理解，還能夠與員工和志工們和諧快樂地一起工作。

藝術、觀想與心

藝術家能夠創造出深刻意義與印象的作品，是因為他們挖掘出自己心中的創造力。演員、音樂家、視覺藝術家、舞者、詩人，還有其他的藝術工作者，都是在靈性追尋的過程中，在心與思維的步驟之間反覆盤旋，透過理想化、進入專長、進入**拋棄所知**（第四到六步驟），然後再重新來過。藝術家必須專注才得以建構特定媒介需要的技巧與訓練，然後將這些技巧應用在藝術的創作上。但真正需要的下一個步驟，是進入沉思狀態，在藝術的創作中忘記自我。演員透過心智鍛鍊演技，然後加以釋放，讓角色進入自己；音樂家在經年累月不斷地練習、提升技術之後，讓樂器透過自己演奏出來；舞者在嚴密地排練每一個細節之後，完全融入了精心編排的舞蹈動作；詩人不斷推敲、修改、再推敲，反覆在思維與心的運作空間跳躍。最後，偉大藝術作品的目的，不但是要衝擊受眾的心，還要讓他們體驗合一。

以下關於專長的故事，是來自一個職業是演員的學生：

我分派到了「玻璃動物園」一劇中，「來訪紳士」的角色。我決定自己不要再對導演唯命是從，絕對要按照自己的方式來演出

——這是根據我對史丹尼拉維斯基（Stanislavski）[47] 的理解，以及過去的經驗與特殊的美學所做出的決定。我將自己的發現與理解列成一份原則清單，並設計出一套方法流程。而當我看到自己所尊敬的導演，可能是因為誤解而採行某種方式時，我也會偷偷地將之改編後整合到自己的流程中。我照著自己的方法前進。雖然沒辦法和史丹尼拉維斯基合作，但我盡力讓自己獨力演出莫斯科藝術劇院的風格！

但遇到了想不通的時候，我會向導師求救。他問了我一個問題：「你在什麼時候呼吸？」回答完這個問題，角色突然就融會貫通了，而我只需要堅持自己的原則和清楚的方法。我努力不讓自己分心，並且想辦法不讓內心的障礙干擾我專注的能力。

心律轉化法的本質就是充滿律動，融合了心跳和呼吸兩種節奏。心跳和呼吸變得更有規則與韻律後，身體、思維與情緒的其他系統就會開始以更規則的方式流動，包括了思考與感覺。

以下關於音樂專長的故事，來自我們的一名學生：

我大概是五歲的時候開始學鋼琴，並顯露出天賦。但中間停了好一段時間，直到高中最後兩年，我重新發現自己對音樂的熱情。我沒有花太多力氣就進入了一家音樂學院，開始學習鋼琴、豎笛、作曲以及其他很多學問。我在音樂學院就讀的這兩年，彈鋼琴的時候，情緒起伏非常劇烈，彈鋼琴這件事讓我覺得自己無法承受。這對音樂家來說不太妙：太豐沛的情感會阻礙一切事情正

確地運作。不僅如此，我會因為無法彈出腦海中聽到的音樂非常生氣。

我不斷地練習，但狀況反而更糟。我對自己以及音樂學院的鋼琴感到異常憤怒……這樣的情緒，加上青春後期及暗戀的心情起伏，讓我不時感到暈眩，同時我當年住在一個大家都很愛喝酒的屋子裡，令我更難捱。

最後我因為這一團找不到出口的情緒與期待而離開，再也沒有碰過鋼琴了。

雖然我在青少年時期與音樂產生了糾結無法再演奏，但我還是熱愛欣賞音樂。不過太偉大的音樂對我來說還是衝擊太大，我的情感無法消受。所以每當我聽到真正偉大的音樂，尤其是觀賞現場演奏的時候，我幾乎無法承受，感覺就像是被五馬分屍一樣，分崩離析。充滿了悲傷與失落。最近，我有幸參與許多場紀念巴哈逝世二百五十週年的音樂會，表演的是聖約翰受難曲，非常非常偉大的作品，這也讓我陷入解體狀態。

我的位子很前面，古提琴獨奏者一直朝我這邊看過來，我想他應該是覺得要請人叫護車。中場休息的時候，我縮在角落，全身顫抖，聽著周圍的人說：

「哇喔，真棒，對吧！」或是「指揮叫什麼名字啊？」下半場有一段是呈現西方文化的經典：耶穌死在十字架上吐出的話語「Es ist vollbracht」（已經完成了），一開始是平淡地唱出，接下來則是美妙而充滿豐富原創性的詠嘆調。

我知道接下來會發生什麼，所以我試著支撐自己。

就在假聲男高音獨唱開口之前，我感覺到音樂廳有一種存在降臨，就算此刻再描述時，我還是可以感覺到。首先是一片寂靜，這不是因為當時剛好沒有聲音或是音樂中的停頓，而是一種宇宙的寂靜。沒有衝擊或恐懼的感覺，不是空白，而是一種安適而輕盈的存在。挑高的音樂廳半空中，我感覺到了……我從來沒有跟任何人說過……天使的降臨。要我這樣承認其實很困難也很危險，因為我並不相信有天使，但這是我唯一能用來描述這次經驗的字眼。這種感覺不是受到「保護」或「撫慰」，就只是寂靜，只是存在，然後感覺整個宇宙都在聆聽……

普蘭：對這位音樂家來說，下一步就是要能心隨意轉創造出類似的經驗。我首先想到的是他應該要回去彈鋼琴，所以建議他找一台能夠讓他建立起連結的鋼琴。以下是我回給他的信：

不要馬上坐下來彈奏，這會變得像是跟陌生人上床一樣。感覺木頭的溫度，按下琴鍵，享受聲音在鋼琴裡的回響，從上到下。抱住鋼琴，將耳朵貼上去。彈出和弦，體會其中傳達的天堂交響曲。彈三個簡單的音符，每個音符中間要相隔足夠孕育的時間，好讓你的眼淚流下來。然後，請求鋼琴允許你謙卑地回來，尋求鋼琴的眷顧，見證鋼琴的神性。不要彈奏任何旋律，或是喚醒你內在耐心等待的偉大鋼琴家；這樣就太自作主張了。花時間讓自己和鋼琴之間的關係與信任逐漸加深，等鋼琴請求你讓它發出聲響。到這個時候，就可以讓鋼琴彈奏你，不是表現自己的技巧，而是

釋放出隱藏在木頭與金屬之間那屬於鋼琴靈魂的和聲。讓鋼琴占據你的身心，讓鋼琴藉由你彈奏出它自己。你認為鋼琴會在意你的技巧不夠完美嗎？鋼琴渴望藉由你手指的撫觸，引誘它從羞怯的沉默中再度綻放美麗的樂音。

鋼琴是他的心的隱喻。但這個隱喻在兩個層次上運作：他的心和鋼琴本身可以互相映照，產生的作用會遍及他的工作與人際關係。

另一個學生是表演藝術的老師。他在討論第五步驟時得到一些啟發，覺得可以幫助自己成為一個更好的老師：

我似乎具有啟發學生的天賦，學生也常說我教學起來得心應手。我一直覺得自己精神飽滿、幹勁十足，但卻又有點說不上來的心虛。普蘭對於專長在教學方面的描述，符合我自己在教學時的感覺。我全心專注於表演很多年，已經研究到可以隨心所欲的程度：很容易就能想出新的練習方式，整理出一系列新的連結。不過，我現在才發現，自己觀想沉思的對象並不是學生，而是藝術形式。我能夠教的東西很多，可以用我的理想啟發學生，但其實我無法真正放手讓他們自己去探索。我教導他們的方式，和他們自己所處的位置、所認同的身分，並非完全一致。

我們有個同事，我覺得她已經超越專家了。她可以用我做不到的方式和學生一起工作學習。她希望和我討論學生，而非藝術形式，所以我認為她觀想沉思的對象是學生。她想的不是自己要做哪齣戲，而是怎樣對學生最好。她會為每一位學生挑選目前訓練

階段最需要的獨白。

她平常對於基本訓練的要求極為嚴格，但在學生演出時則讓他們自行發揮。演出非常成功，這一班學生的確邁出了一大步。每個人都感覺得到，他們的進展紮實，所獲得的成就都出自每個人自身的努力與學習。在她的影響下，我開始把學生當作獨立的個體，給予他們一對一的時間。開會討論以及記錄教學報告時，我也會透過自己的心對學生進行沉思。我感覺到自己與工作都有了改變，一種不一樣的、更成熟的特質浮現，我開始從藝術形式的專家，轉變成更能同理學生的老師。我發現自己更希望能體會學生的感覺，更從學生的角度去看待事物。

第五步驟的反思

冥想，然後描寫一項卓越的成就：你準備了很久的時間，能夠呈現你的理想，而且因為有心的神奇力量支持，的確進行得很順利。透過這項成就，你展現了理想的偉大，以及你的真實自我。

註釋

39　哈茲若・音那雅・康，《格言》（*Aphorisms*）。

40　哈茲若・音那雅・康，第十二卷，《神與人的洞見》（*The Vision of God and Man*），〈冥想的道路〉（The Path of Meditation）。

41　哈茲若・音那雅・康，第四卷，《心靈淨化》（*Mental Purification*），第十二章〈神祕的放鬆（2）〉（Mystic Relaxation (2)）。

42 哈茲若・音那雅・康，《卡雅》（*Gaya*），《他拉斯》（*Talas*）。

43 有趣的是，必須專注的活動（明確的學習）和已經成為反射的活動（內化的學習），會使用大腦不同的區塊。請見傅雷奇（Fletcher）等人（2005）。

44 格拉威爾（2009），278-279 頁。

45 哈茲若・音那雅・康，第一卷，《發光之路》（*The Way of Illumination*），〈蘇菲教派的一些面向〉（Some Aspects of Sufism）。

46 有一首古波斯的兒歌是這樣說：「不知道的人，而且不知道自己不知道，就是個笨蛋，快點躲開；不知道的人，知道自己不知道，那很可愛，教他就好了；知道的人，不知道自己知道，是睡覺了，快叫醒他；知道的人，也知道自己知道，那是王子，快跟隨他。」

47 康士坦丁・史丹尼拉維斯基（1863-1938）是俄國演員與劇場導演，以戲劇演出哲學「靈性現實主義」聞名。史丹尼拉維斯基大大啟發了美國導演史特拉斯伯格（Lee Strasberg），他創建了「演技方法」學派。

第十四章

前五步驟概觀

在靈性發展地圖上，我們從思維與其力量的練習開始，然後喚醒並發展更深層的能力，也就是擁有更強大力量的情緒的心。最後，則會發現超個人的靈在我們身上運作。這就是力量的三個層面：個人的力量、連結的力量和宇宙的力量。

第一步驟

所謂「思維」（mind），指的是處理感官、推理、決定與記憶的能力。因為鍛鍊思維專注的能力會帶來思維的力量，也就是意志力，這能力可以決定一件事，導致一個人走上一條途徑，並形成長期的影響。這是一種動物似乎並不具備的能力，動物傾向於短期的計畫。將注意力集中並維持在某件事物上，其實是非常強大的靈性力量，任何的成就都需要這種力量。這是一種靈性力量，因為當你專注於某件事物時，事實上是讓人類集體思維的注意力灌注在這件事物上。簡單來說，你的思維專注於神的思維，你的注意力會影響神的注意力。這就是為什麼唯一思維（One Mind），或稱為唯一思維力量（One Mental Power），會透過所有的思維運作。

專注的發展以及因此所產生的意志力，可以分成三個步驟：第一步驟是決定要把注意力放在哪裡，稱之為承諾，因為承諾會影響我們從現在到未來這段時間的路徑。這決定了意志力運用的方向。

第二步驟

專注與意志力的第二步驟，是產生分辨、判斷與相對價值。我的一位老友曾是卡內基梅隆大學（Carnegie-Mellon University）心理學系的系主任，他告訴我說思維的基本能力是進行精確的比較，像是兩種顏色、兩種音高、兩張臉，或是兩個物體之間的距離。將思維的比較能力發展成兩種選擇相對價值的計算，是一種基本但強大的成就。

我們使用「測試」一詞來表示評斷與分辨價值的過程，測試讓我們擁有評斷的能力，知道兩個選擇之中哪一個比較好。舉例來說，這個關係會比另一個好嗎？這份工作或活動或居住環境會比另一個好嗎？於是我們擁有了改正錯誤的能力，發現自己是否做出錯誤的決定，選擇了錯誤的道路，還是確認自己走在正確的道路上。

第三步驟

思維發展的最後一個步驟是知識與理解。如果我們必須親自測試每一項決定，時間就不夠用了。所以在做出新的承諾與選擇時，必須運用對過去決定的理解，而不是透過測試。這就是所謂的「信任」，因為我們知道這樣的決定不是來自直接的經驗，而是由過去歸納出的捷徑。由於沒有固定的測試資料可以做為決定的基礎，只能在假設過去事件類似的前提之下，使用感覺相似的經驗做為測試資料。

我們的學生梅莉莎，她的「白帶經驗」就是個很好的例子。她將自己從空手道學來的事情應用在新的工作經驗上。她說：「我穩住自己，運用了白帶的技巧，請求別人幫助，相信只要我專注、承諾，問題就會自行解決。」她對於來自不同領域的過去的經驗很有信心，完全沒想過是否能夠運用在新的領域裡，因此她不考慮在新工作上採用其他方式，也無須浪費時間在躁進、驚慌、絕望、過勞或放棄等測試上。

我們擁有越多承諾與測試的經驗，就越能夠自在地付出信任。我們正在創造自己對於生命運作的看法，也就是所謂的「知識」。有些知識來自直接測試的經驗，有些則是來自這些經驗的歸納，也就是信任我們在特定情況下觀察到的「法則」，可以適用於沒有測試過的情況。多數時候，我們的信任很合理，但有時候信任會把事情弄得一團糟，以至於必須回頭重新詮釋之前的經驗，以便符合新的狀況。

舉例來說，如果梅莉莎不幸把新工作搞砸了，她可能會因此認為自己的武術技巧無法應用在任何地方，或是其實她的空手道根本沒那麼好，甚至因為她很不聰明，所以其他人也不會來幫忙。這次的新「知識」可能會應用在其他狀況，以進一步加強或修正。

透過測試與歸納得到的知識，只有在「扁平」的宇宙中才會成立，也就是一種既無低谷也無高峰的極端狀況。這就像牛頓物理定律一樣，除了原子內的力場或是黑洞的力場，還有超心理學的特殊狀況之外，都運作得很好。

舉例來說，通曉某個領域的人，譬如經濟學，要等到發生了「黑

天鵝」事件，他的知識才會像次級房貸那樣崩解（一般認為黑天鵝不存在，但後來真的出現了）。[48] 又或者是你以為自己很了解枕邊人，多年來在各式各樣的情況下都可以預期他的反應，結果有一天他毫無預兆地離開了你，或是殺了某個人，或是出家，或是發現他竟然有祕密帳戶，你這才知道他竟然有你從來不知道的一面。

第四步驟

生命有隱藏的一面，大部分人只能驚鴻一瞥，很少人能一直看得很清楚。要等到接受了生命的轉化，才能看到這份神祕、美麗、壯觀、驚奇與不可置信。這種狀態存在於一般人正常的經驗之外，無法用思維體會。要看到生命的深度，自己的存在必須有深度，這就是所謂的「用心」。

- 所謂的「思維」，是觀察、比較與記憶生命中「平面」且明顯的面向的能力。
- 所謂的「心」，是感覺與運作生命中深刻且隱藏的面向的能力。
- 此外，我們認為思維與心屬於同種能力，只是思維是表層，心是內裡。思維與心都有記憶，思維的記憶屬於觀察層面，而心的記憶屬於感覺層面。

思維創造出語言與意象，用來與意識溝通；思維負責的是專注。心直接創造出感官與情緒，激發意象浮現在思維中；心負責的是直覺與洞見。

思維讓我們擁有觀察世界的能力，透過專注強化之後，就能擁有

正確分辨、比較兩件事物不同之處的能力。心體驗世界的方式完全不同，心感受到的是世界對於個體的影響與作用；不是客觀的觀察比較，而是認同自己專注的事物。思維認為其他的人事物都是在自己之外，心則是在內裡感覺到其他人事物的情緒與能量。思維會分辨自己與他人的不同，心則是感覺自己與他人的連結。

思維的觀察很疏離。「疏離」指的是觀察發生在其他人身上，而不是自己身上的事。心的運作則不是疏離，而是產生依附：不管觀察到怎樣的經驗，都會與自己有所關連，外在世界反映的是內在世界，反之亦然，我們稱這個狀態為觀想。前三個步驟發展的是專注，而第四到第六步驟發展的則是觀想。

心的敞開發生在一瞬之間，但是作用會持續很久，並轉化平凡的生活。心敞開了，可能帶來的影響有：理想的啟發、激烈而勇敢的行動、超越理性或掌控的情緒、盲目的熱情、自我的臣服，以及追求完美的驅力。心的敞開會讓人感到不圓滿、不滿足，以及對卓越的渴望。

第五步驟

心的敞開也釋放出強大的力量，這股力量有潛力讓非凡的成就實現。一般人說到「心」，通常會想到善感的那一面，也就是左側的部分：敏感、同理、同情、柔軟、美麗等。但心還有右側的部分，賦予我們勇氣、創意、表達、情感誠實，以及創造並統領團體組織的能力。強大的心的右側力量在第五步驟會顯現出來，這是一種與

專注和意志力從根本上就完全不同的力量，運作的方式非常奇妙，不但不是線性，甚至非常幽微。

心的作用具有磁性，會對人事物產生吸引或排斥；心會創造意外與巧合；心的力量是欲望，也就是愛。

透過愛的依附連結，我們可以在心裡感覺到外在的人或物，得到直接且絕對正確的他人經驗，不受到評判或意見的渲染。這樣的經驗不只讓我們看到對方現在的狀態，還包括了可能出現的情況。因此第五步驟能夠得到的訊息，會比單純的觀察要來得多。我們內在所感覺的這些人或物，在我們探索其潛在能力的過程中，也指引了我們。

> 我對風力的喜愛，讓我發現了比傳統風力渦輪機設計更有效的原理。我對電腦演算法的喜愛，讓我發現了極為迅速的方式，可以分析大量的財務資料。不是因為我聰明才找到這些解決方案，而是我認同了風力渦輪機及電腦系統，放掉了自我，與之融為一體，解決方案因此浮現。
>
> ——普蘭

這是達到所有偉大成就的方法，透過愛的連結；這就是所謂的專長。

以上是自我發展的前五個步驟，可以運用在成就與關係上。這些步驟可能發生在童年、成年，甚至死後。我們可能在靈性實踐處於某個步驟，但到了關係卻處於更早先的步驟，這樣的狀況很常見，

關係與成就達到的步驟不一定要相同。

如果在這條道路上來到某個步驟，之前的所有步驟還是持續運作。要評估一個人實踐進展到哪裡，並不是取決於他之前步驟使用的頻率，而是看他是不是可以很輕鬆地進行下面一個步驟。譬如現在處於第五步驟，如果想要，當然可以採用第二步驟的方式，也可以馬上切換到第五步驟、並且加以執行。也就是說，一個人的進展不是看他們哪裡做得最不好，而是看他們能夠確實地做到最好的地步。

舉例來說，蘇珊娜有個諮商個案，和另一半剛交往一年，他覺得自己「想打退堂鼓」。他們現在同居，蘇珊娜跟個案聊起承諾，說到測試時，個案笑道：「我們現在就是這樣，一天到晚吵架。」說到第三步驟的信任時，個案說：「我們還沒到那裡，也許是在第二步驟的半途上。」接著蘇珊娜告訴個案關於第四步驟的崇拜與看到女友身上理想的能力，個案說：「喔，這個我很清楚。她是個女超人，我非常崇拜欣賞她，所以我們才會在一起。」所以他其實已經到了第四步驟，而不是停留在第二步驟。他們會吵架，是因為個案覺得失望，女友並沒有符合自己在心中看到的樣貌，而女友也是；所以吵架並不是對承諾的測試。

但是第四步驟，就和所有偶數步驟一樣，非常脆弱，因為這是一個過渡的步驟。所以如果不是往前來到第五步驟，讓理想穩定下來，不然就是回到第三步驟，同樣很穩定可是比較平凡，或者是直接回到第一步驟，改變對這段關係的承諾，或是轉而向另一個人做承諾。如果他展開一段新的關係，還是得要走過第一步驟、第二步

驟和第三步驟，但這次會比較快來到第四步驟，也就是個案心的發展目前所處的極限。他的關係的發展不可能超過他的心可以承受的範圍。一個人的行為沒有辦法超越他目前實踐的程度，而還能維持穩定的表現。每個人的行為都受限於他現階段的實踐程度。禮貌可以假裝，就像普通人在舞台上可以演偉人的角色，但除非已經實踐了這些步驟，否則沒有人能夠維持信任、理想或專長。

註釋

48　塔雷伯（Taleb, 2010）。

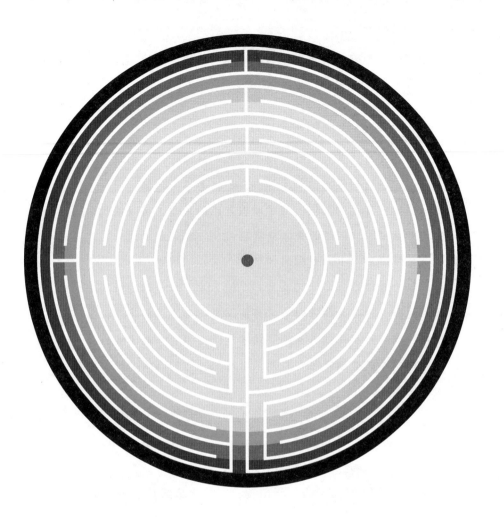

第十五章

第六步驟：拋棄所知（Unlearning）

搖一下那還有聲音的鈴鐺

放棄完美的供品

一切都有裂痕

這就是讓光透進來的方法

——李歐納・柯恩（Leonard Cohen），〈聖歌〉（Anthem）

虛偽與假裝無法在生命中持續，錯誤無法走得太遠，不久，便會崩潰瓦解。只有真實才能長久。越真實的事物，越不會自我表現。

——哈茲若‧音那雅‧康 [49]

宣稱自己要成為善良而有同情心的人，就像是一滴水說：「我是水。」但在看到大海時，才知道自己根本不算什麼。同樣地，如果我們仰望完美的目標，就會發現自己的缺點。這時候眼前的薄紗才會掀開，我們的眼光才會變得銳利。接著就會問：「我要怎麼做才能喚醒心中的愛與同情？」

蘇菲祕士發現自己其實又聾又瞎之後，才了解一切的好和一切的壞都是來自內在。財富與權勢可能消失，因為這些是外於自我的事物。只有存在我們內在的事物才能說是擁有。為了喚醒心中的愛與同情，就必須犧牲。我們必須忘記自己的麻煩，好去同理他人的麻煩。

——哈茲若‧音那雅‧康 [50]

歡迎來到第六步驟，也就是拋棄所知（unlearning）的步驟。你可能對接下來會發生的事情有所預感。在第五步驟達到偉大的成就後，拆掉重建會是怎樣的過程呢？

如果你敢從個人成就的高峰往下看到自我放棄的深淵，就會發現其實深不見底。我們不可能一步一步慢慢往下進入重生的過程。必須要直接跳下去，除了信心之外，沒有其他事物能支持你。

我雖然行過死蔭的幽谷，也不怕遭害，因為你與我同在，你的杖、你的竿都安慰我。

——《聖經》〈詩篇 23〉

紅杉是極高的樹木，其毬果卻只有一般松樹的毬果的百分之一大。這些毬果會長成好幾百公尺的巨木。紅杉已經活了幾千年，種子會在這些小小的毬果中沉睡約二十年，直到正確的時間到來。所謂正確的時間，指的是發生了森林大火，將所有較小的樹木燒成灰燼，讓紅杉的幼苗毫無阻礙地照射到陽光。

如果沒有大火，這些小小的毬果不會爆開，讓種子散播到這片陽光普照的新天地，進而萌芽。森林大火代表一種該將下一代種子釋放出來的訊號。大火並非災難，而是森林生存的必須要件。已經長成的巨大紅杉不會受到大火的傷害，它們有三十公分厚的樹皮保護。

南加州的樹林也是藉大火來進行重生，激發許多植物萌芽，清除老舊死亡的植物。這是生態系統生命循環很重要的一部分。在人類移民到這片土地之前，大約每隔二十五年左右，就會因為閃電或其他自然因素發生大火，燒光一切。如果這些大火無法燒盡，這樣的循環間隔便會縮短。現在這種為了萬物設計的大自然循環，每一次都無法走完，所以大火的發生變得更頻繁而不可預期。

拋棄所知的步驟就像大火一樣，好讓心能繼續往前進入發展的下

個階段。如果我們試圖在大火燒完之前進行撲滅，心就無法獲得進一步的擴展，無法朝合一的方向前進。

第六步驟是一個偶數的步驟，所以不是更加榮耀的一步，而是臣服的一步。之前的階段所獲得的能力還是能夠運作，你在臣服的時候不可能不帶著之前勝利的經驗。在完全不知道該如何前進，或是連前進的意義都不清楚時，要珍惜自己已經來到了一處極為平靜且具有深刻意義的所在，這是祕士崇敬之地，他們會熱切地歡迎你的到來。

第六個啟蒙稱為「真正的」啟蒙。

——哈茲若·音那雅·康 51

這是形塑自我的最後一個步驟，也是通往發現無限、永恆與完美的第一個步驟。

觀想的最後一個步驟

在專注的過程中發展出自己的觀點後，就要開始發展另一種觀點。第四步驟是觀想過程的開始。進入觀想過程後，會發生一些可預期的事件，這些事件形成道路上的第四到第六步驟：

4. 在第四步驟，我們神奇地發現了自己對存在的洞見與理解，和自己的觀點息息相關。聖方濟開心地注意到，自己在穿過樹林，看到樹木時，樹木也同樣在看著自己。如果從心的角度看出去，就會

發現這個世界非常美麗，和從思維的角度看出去的世界很不一樣。此外，你也可以從別人的角度看出去，藉此獲得更多的知識與益處。兩隻眼睛能夠讓你看到事物的立體與深度，而自己與他人的兩種觀點，則會讓我們充滿智慧。

5. 第五步驟是從另一個觀點或多重觀點，搭配信心與真誠的力量，還有理想的指引，一同運作的能力。現在你能夠完成偉大的任務，用行動表達出自己的理想。你的行動、態度與樣貌，反映了自己對世界、他人及更高力量的愛。虔誠的人不會說自己虔誠，創造力豐富或口才便給的人也不會說自己創意多、口才好。當你選擇活出自己的理想而不是到處宣揚，就不可能變成一個不誠實或虛偽的人。

6. 第六步驟是在心中進行觀想的最後一個步驟。在這個步驟中，因為你觀想的對象非常真實，所以自我會受到掩蓋。其實你是將生命力投注在觀想上。所以，自己的感官、意見與情緒都不重要，都不再能對你產生任何影響。

第六步驟的事業

在第五步驟中獲得的專業能力，強而有力、閃閃發光，產生的情緒也是充滿了振奮與成功。我們透過真正卓越的成就表達出自己的理想。如果你在感情中達到第五步驟，就不只是遇見了可以在他身上看到自己理想的人，還能夠讓這段關係變得長久而圓滿。

然而，在成為專家一陣子後，就會發現其實你一輩子所追求的理

想還沒有真正實現。你的成就不再感覺那麼重要。你會覺得：「難道就這樣了嗎？」對於成就感到不滿的情緒會延伸到他人身上，所以你不再對任何領域中所謂的專家抱持敬意。你不再關心名譽這個在第五步驟非常重要的特質。

你的心中會有一股莫名的情緒，覺得自己應該要完成某項工作，一件比自己能夠想像還要偉大的事情，但怎麼樣就是無法清楚地想起來。第五和第六步驟形成了一組里程碑：結束與開始，生命的高與低。

在第六步驟中，你了解到要找到生命的目標，就必須先走到岔路上：你要放掉自己的觀點，以及限制自己的想法與意見。透過懷疑自我的意見、背景、教育、文化，還有原本定義了自我的所有事物，淨化自身扭曲的部分。

想要獲得更大的深度與廣度，就只能臣服：接受自己無法完成任何事，採取被動的姿勢，讓自己成為一種工具與媒介。這是深層的臣服，放掉大部分感覺像自己的部分；你來到一種存在的深度，沒有什麼可說也沒什麼可做，然後你所觀想的對象就會在你內在浮現，透過你開始說話。星星的美麗透過天文學家表達，晶片的智慧與精準透過電腦設計師表達，孩童的無邪與神奇透過教育家表達。

也許你會悲嘆自己失去了已經達到的成就，這是你花了巨大的心力與時間所完成的事物，例如：生意、事業、關係、靈性的知識。但是如果你只懂得向外看，其實沒有任何成就真的和自己花出去的心血相等。成就的真正價值，其實是建構在你的內在 。是你所達到的成就讓你變得偉大，這種偉大才是實際的成就，而不是建構出

來的任何外在實體。如果你能夠看到自己因為成就變成怎樣的人，就會發現一切的努力真的都值得。

當你在觀想一項自己從沒達到過、更偉大的成就時，會發現那並不屬於你目前具有的特長，因為你已經朝那個你知道的方向盡可能走到最遠了（第五步驟）。可是不滿足與無趣的感覺導致你被推動到了這裡，但你在往山坡下看時，會體會到恐懼。這座低谷像是個分水嶺分開兩座山峰，你目前站在較低的這處山峰，遠眺更高的一處山峰從雲層探出來。

想想那些你如今認識的人，或者是曾經認識的人，你知道他們放棄了原本巔峰的事業、重新展開一條全新道路的人，一開始沒有人覺得這是可能的，然而他們卻獲得驚人的成就。想想這些人在做出必須的承諾，讓他們來到新的高度前，可能在無數的闇夜中摸索前進。這樣的闇夜，是下一個成就與覺醒的黎明到來之前，所必備的條件，而前五個步驟中所發展出來的力量也是。

只有透過第六步驟，某個領域的專家才能將自己所學，歸納成可以應用於更大挑戰的智慧。

- 勞工領袖可以成為政治家（波蘭總統華勒沙〔 Lech Walesa 〕）。
- 詩人可以成為總統（捷克總統哈維爾〔 Vaclav Havel 〕）。
- 生意人可以成為哲學家（美國實業家艾科卡〔 Lee Iacocca 〕）。
- 坐牢的運動領袖可以重建國家（南非總統曼德拉〔 Nelson Mandela 〕）。
- 拳擊手可以成為和平與社會公益運動支持者（拳王阿里〔 Mohammed Ali 〕）。

到了第六步驟，你了解到思維對於設定方向或目標其實完全無用，但如果一開始是由心設定好方向，思維就可以隨時幫助你走回正途。這是思維對於心的臣服。

這個步驟的臣服會產生受到生命威脅的感覺。你會體會到悲傷、抗拒、依附、空虛。一名學生曾寫道：「我在自己應該需要找到入口時，拚命在尋找出口。」——一個進入臣服、進入靈魂闇夜的入口。

以下是發生在我們一名學生身上關於拋棄所知的故事：

每次想到靈魂闇夜的存在，我就會往另一個方向看。我覺得自己已經經歷過、煎熬過，而且花了我這一輩子在療癒並避免自己再度回到這樣的狀態。今天早上我所看到的意象，是電影《綠寶石》（Romancing the Stone）裡，凱瑟琳・透納（Kathleen Turner）在土石流中奔跑的樣子。我不希望自己也需要這樣才能前進到下一個步驟。雖然我覺得學會如何與痛苦共存是件好事，但我感覺下一個步驟實在很像死亡。很難去想像，我甚至無法說出。老實說我覺得這一點都不像是教人如何生存……我現在也不知道該怎麼比喻才能說清楚。

我在寫下這些文字時，可以感覺到屁股底下黏滑的泥巴。我希望有人可以伸出援手，我願意踏出這一步，但是老天爺啊，我必須要賺錢維生，不是嗎？真的能夠兼顧現實生活和靈性進展的需求嗎？現在水更多了，泥流速度也更快了，不過我想還算可以掌控……是吧？

第六步驟的迷宮

迷宮的這個部分會呈現出第六步驟的困難。道路從第五步驟的高度往下，代表臣服，來到左側，代表思維，然後抵達最低點，就在迷宮入口的旁邊。這和「我這輩子什麼也沒做到」的感覺相符。第一次的臣服帶你來到第一步驟旁邊的點，你會臣服於過去的榮耀與未來的期望。再往上走到一半，象徵著希望，告訴你這次捨棄的已經足夠。但其實並不，接下來的臣服會帶你來到最底部，你會很開心地捨棄自己的想法與所有曾經學過的事物，因為你現在知道這些知識其實會讓真正的智慧變得模糊。

選擇停留在第五步驟

第六步驟是位於個人成就的山丘與絕對智慧的高山之間的低谷。來到這個谷底，就必須放棄這一輩子的成就所讓你獲得的自信心與確定感。誰會願意這麼做？你可能會嘗試漠視自己對超越個人的絕對智慧的嚮往。你可以決定留在第五步驟，很多人都這麼做。但如果你不繼續前進，心就會感到越來越沮喪，最後陷入絕望與憤世嫉俗當中。

下降與之後的爬升感覺起來不值得那樣的努力，好像停留在原本的榮耀會比較舒適，但這其實是一種恐懼。為了讓自己有正當理由停下腳步，你可能會對為了發展前進所做出的努力嗤之以鼻，同時輕視那些渴望超越自己的人。然而，你知道自己現在只是在一座小

山丘的頂端，還有更多高山有待克服，這會讓你產生一種悲哀的感覺，認為自己的渴望永遠無法滿足。

願意離開高枝尋找更偉大理想的人，能夠獲得一種淨化做為報償，他們真正的自我會在本身個性與文化的掩蓋之下浮現出來。真正謙卑的極致之美，讓我們沐浴在更大的喜悅之中，這是任何成就都做不到的事。

現實就是，抵抗無用。生命本身會驅策你朝向有意識且可靠的合一經驗前進，因為這才是真正的現實。思維會先讓你有所準備，然後心會帶領你走完剩下的路。

學生恐懼的並非只是死亡的陰影，還有個人幻象的破滅。打破虛幻事實上是打破二元對立。移開這道帷幕，我們才能看見煥發的光芒。在這個過程中，需要許多支持，在沒有協助的情況下，我們不可能承受失去自我的痛苦。本章後半段會詳細討論最需要哪些方面的協助。

我們會向學生再三保證，沒問題，不管是現實生活或靈性生活，她都可以生存下去，就算讓自己成為所有存在的一部分。事實上，在你知道什麼才是真實之後，一切都會變得更美好。在不知道其實是生命**本身**（One Life）透過你運作的情況下，想要去操控自己的生活，反而會是非常困難的事。

臣服

當你臣服於第六步驟的途徑，有一段時間，你會感到你的能力與

知識好像全部消失，沒有能力完成任何事情。你覺得自己這輩子什麼都沒學會，什麼都不是。你會懷疑自己知道的智慧，因為現在無法經由智慧幫助你脫離這種狀態。不管願不願意，你之前的成就幾乎都會剝離。看起來像是失去，其實沒有任何事物真的消失。只是觀想的對象變得比進行沉思觀想的人更重要。已經裝滿的容器無法再添入任何東西，所以，現在你把容器倒空，創造出可以容納接下來的步驟變化的空間。

　　你就好像是位雕刻家，在一座雕像上花了很長的時間，將畢生所有的技巧與藝術美感傾盡其中，這是你想要帶到人世間的美麗形象。你在這件藝術品上灌注了全副心力，雕像完全表達出你的理想（這是第五步驟）。然後你發現雕像還是少了些什麼，你好像憋住自己某些力量而沒有全部發揮。

　　這時候，這件藝術品對你來說是至高無上，甚至比藝術家還要重要。你覺得，就像詩人魯米（Jelal-ud-Dim Rumi）所說：「被愛的人就是全部，愛人的人只會掩蓋住對方。被愛的人才是生者，愛人的人只是死物。」

　　「人為朋友捨命，人的愛心沒有比這個大的。」[52]

　　這段經文其實是一種象徵，捨命代表的是交出你的心，而交出你的心代表的是將自己奉獻給另一個人或目標。

　　完成雕像後，你了解到要讓創造物獲得生命，就必須付出自己的生命。於是你倒在自己深愛的藝術品腳邊。但這座雕像，現在成了

會呼吸的、活生生的人，將你擁入懷中，讓你復活。[53]

祕士對於耶穌基督自我犧牲的教導，是這麼詮釋：愛人的人放棄自我的概念——也就是所有他之所以為個體的定義特徵，才能更完美地與被愛的人連結。自我犧牲並不是放棄你想要的事物，自我犧牲是犧牲你想要成為「他者」的想法，也就是你認為自己是一種獨立存在的概念。

從心理學的角度來說，前五個步驟是建構出自我概念與清楚的界線，接下來四個步驟是要解構這樣的概念與界線。為什麼要破壞你精心建構的事物呢？為什麼要拋棄你最偉大的成就與專業領域？因為這些事物會限制你。第六步驟的自願臣服，創造出一個空間，能夠進行上述隱喻的死亡與重生。透過這個步驟，在愛中，我們就能成為一切。

犧牲可能以自願臣服的方式呈現，或者是其他型態，像是失去、失敗或沮喪。不管是哪種形式，犧牲都像是被釘上十字架一樣，永遠會再復活。這就是重生，透過這樣的歷程，更確認你是一種宇宙的存在，與生命的所有層面相連結，也影響了生命的所有層面。

以下是安德莉亞關於拋棄所知的故事：

這個禮拜我過得支離破碎又空虛，被悲嘆的情緒所淹沒，感覺自己的平庸與無趣。我會半夜醒來，發現自己的腦袋不停地繞著那些內在的匱乏打轉，而外在的世界也無法讓我找到慰藉。同時狂暴的罪惡感又貫穿這一切，其實我明明擁有許多值得感謝的事物。

我想這就是一段小小的闇夜時光，在漫長疲憊、受到病痛與世俗限制煎熬的盡頭。我已經搞不清楚自己是誰，也無法繼續前進，只能絕望地繼續厭惡這個像廢物一般的自我，一事無成、一點成就或創造的精神都沒有。

這些話聽起來很誇張。但在我的內在，這種渴望帶著沉默的嗚咽。我不知道自己受的苦是不是和別人一樣。我只是被失望擊垮，發現和童年的志願相較，現在的自己實在太過平淡無奇。而現在的日常生活與任何靈性團體之間的連結，也比我所想像的更為疏離。這種不快的感覺，是這麼活生生、血淋淋。我一點也不知道自己該去哪裡，該成為誰？

最近幾個月，我敏銳地覺知到，對於自己是不是過著應過的生活，已經懷疑了好些年。我感覺不到任何動力。麻木的狀態擋住了所有知識的光，所以我今天也無法分享，我沒有發生任何因為知識的光而讓生命豐富的故事。我又病又累，失去所有，痛苦萬分。有個聲音告訴我，這純粹是自怨自艾，外人看我的生活，比起世界上大多數人，都要來得幸福與充裕。而我甚至連逃離這個聲音的力氣也沒有。白天的時候我可以掩飾，但在夜晚的黑暗中，我並沒有和活在心中那個被愛的人相處在一起。

這的確是一種徵兆，代表在靈性道路上處於進階的狀態，所以會感到明顯而完全的不滿足。其實這非常值得慶祝。安德莉亞的心明白自己的生活並不是應有的樣貌。

東方賣地毯的商人通常會把最粗糙的地毯放在最外層，讓大家都

看到。如果你喜歡就可以買。但如果想要更好的地毯，也許可以說：「這些地毯不適合用來擦我的腳。」他們就會拿好一點的地毯給你看。好一點的地毯不多，商人會希望留給識貨的人。但真正高級的地毯是放在店的最裡面、最高的架子上。他們不會拿出來，除非你堅持目前看到的都很爛，那麼商人也許才會把真正的寶貝拿出來，但其實不是很想賣。他們會把這張地毯標上天價，讓你知難而退。但如果你能說服商人，只有這張地毯你才可能接受，而且會好好珍惜愛護，懂得織工與商人製造並販賣這種藝術品的偉大，那麼就可能以合理的價格買下。

安德莉亞可以和一般人一樣，相信所謂的成年就是變得更現實，了解一個人能達到的成就與對世界的改變其實非常小。又或者認知到年輕時的理想必須在成年後加以更新，如果不想被世間的憤世嫉俗所打敗。心的工作就是牢記靈魂的想望：亦即完成在人世間的生命目標。

那些經驗心的覺醒、想起生命目標的人，幾乎沒幾人的當下狀況是能圓滿地完成該做的事。至於我們其他人，則陷入深深的沮喪之中，因為自己偏離了正軌。唯一能夠重新把我們導向生命目標的方法，就是去記得（remembering）。要記起生命真正重要的事物，我們必須先忘記，或拋棄那些沒那麼重要的事。

這是個讓我們懷抱希望的訊息：有個專為你設計，非常刺激、具有挑戰與意義的工作。這個工作在等著你完成，因為沒有別人可以做。你生來就是要做這件事。你會想起來，然後將一生奉獻出去。用心去呼吸，你對目標的感受會因而擴展，充滿你的生命。

不滿足於自己變成的樣貌，是進步的象徵。想要克服「麻木的狀態擋住了所有知識的光」，就必須擁有這樣的認知，並發現自身的神性。

犧牲與捨棄

在第六步驟中，我們要犧牲自己的限制，好付出無條件而且完全的愛。所謂的限制通常是我們珍惜的自我層面。

有些靈性學派會要你捨棄自我，認為自我是一種限制與幻象，甚至是一種讓人輕蔑的建構。捨棄自我是為了獲得解脫與釋放。但在心的道路上，我們非常崇敬並珍視自我，所以自我犧牲並不是丟掉不想要的事物，而是犧牲我們最珍貴的資產與禮物。不要因為感覺自我沒有價值而捨棄，反而因為這是非常珍貴的禮物，是當初唯一存在（The One）送給我們，而現在我們要回送過去。這個意思是，要將自己的生命奉獻給當初你被賦予生命的理由，也就是你被創造出來的目的。

宇宙投注了巨大的心力創造出你的人格、無意識心智、情緒、記憶、技巧與能力。創造出自我需要花一輩子的時間。這種創造擁有很大的價值，而且是達成你的目標的必備條件。你的每個部分都不能捨棄，轉化是整體進行，不會產生任何廢物。

犧牲和捨棄意義不同。捨棄是丟掉你不再想要或需要的事物，就像小孩長大後不再需要玩具一樣。犧牲是放棄你還珍視的事物，為了得到你更想要的另一樣東西。如果你捨棄某項事物，那麼即使有

人再拿來給你，你也會拒絕，別人擁有你也不會嫉妒。捨棄不是「酸葡萄」心理。

在超越的道路上，目標是捨棄自我。你不想再擁有所謂的自我。而在心的道路上，目標是犧牲自我，因為愛，而為了所愛的人去犧牲。

在這個脈絡下，我們的學生伊姆萊寫道：

我的真正感覺是鬆了一口氣，好像去除了沉重的負擔，以及所有對自我的錯誤期待，等待我所愛的人讓我重生。也許這個練習真正的目的，是讓我們對自己有限的理解，臣服於偉大的奧祕之下。什麼都不知道，就能夠成為一個空杯子，等待再次被裝滿。

第六步驟的靈性工作

這個步驟被十六世紀的天主教聖人聖十字若望（St. John of the Cross）稱為「靈魂闇夜」。雖然靈魂從不會變得黑暗，但是如果無法再相信靈魂的工具——思維，可以繼續提供指引，那麼靈魂就會陷入絕望，而我們像處在黑暗之中，只能靠著感覺前行。看起來像是黑暗，因為你閉上了思維的雙眼。其實現在你來到了更明亮的光中，用心就能感受到更偉大的現實，一種宇宙的現實，而不是個人的現實。

準備好從沉睡中覺醒，會有怎樣的徵兆呢？就是一個人開始想：

「我學習到、了解到的，感覺都很不真實。有某些現實我可以隱約覺察，但相較之下，我學到、做到的事情，好像都不算數。」黎明在黑暗的夜晚後到來，於是他看到了光，但還沒有看到太陽，現在覺醒才剛剛開始。

——哈茲若‧音那雅‧康 [54]

當你走進拋棄所知的山谷，就會看到自己抓著什麼不放，你的信仰也會因此顯現。你的導師會向即將沒頂的你伸出援手，把你拉到安全的地方。抓住這隻手，讓自己得救，因為在這個步驟，你的導師會變成你的救世主。讓導師成為你觀想沉思的對象，你就能得到導師理解與信仰的事物，這會成為你的依靠。（第五步驟運用意志，第六步驟採取被動，接下來的步驟是進行整合）「我要怎麼從所有的理想中找到真正的理想？我自己的理想只能適用於我自己。」不要當那個追尋的人，而是要讓你自己被找到。

「不知道的人，知道自己不知道，那很迷人。」[55]

第六步驟的關係

在第六步驟中，因為一段不再有效的關係而經驗到靈魂闇夜的狀態，其實不算少見。婚姻可能破碎，付出的愛可能無法得到回報。失去所愛的人可能會讓你進入到第六步驟，或者你所愛的人會在你正處於這困難步驟的狀態下，選擇離開。這不是第六步驟必要的部

分。這個步驟的挑戰與機會，是去體驗深情而自願的臣服，這是你的感情關係對你的要求。

所有愛人的愛人、所有生命的生命，急切地希望我們體會她的奧妙，所以會利用我們所喜愛的人事物，做為她的槓桿，獲得我們專一的注意力。如果我們沒有從自己的所愛身上看到她，她就會把我們和自己的所愛分開，好讓我們單獨感受到她的愛。也許她會讓我們重新連結她的代理人，也就是我們所選擇的人類的愛，但也可能不會。她唯一的願望就是讓我們進入合一，也就是大覺醒。

所有的關係都可以看做是一個人與神聖關係的練習。每個心愛的人都覺得煩人的是什麼？ 就是另一個人。要知道，祕士不希望成為「另一個人」。追求合一經驗的人希望感到他所愛的人就像自己。

得不到回報的愛，是心常常體驗到的狀態。感覺就像一條道路，通往一堵沒有門的牆，一堵沒有希望、充滿嘆息的牆。你會直直地撞上去，然後往後退。然後你可能會再度受到激勵，又試著衝過去，然後再度撞牆。你想忘記原本所愛的人，離開傷心地、尋找新的伴侶、尋找新的工作……但發現這些改變全部都像是一次又一次撞上同樣的那堵牆。

事實就是，從這份得不到回報的愛中，產生的這些感情、生理的感受，還有強大的欲望，都不是幻夢或虛影。全部都是真實的，只要你不試圖逃離，好好地擁抱接納，就能夠帶著你走向合一。

得不到回報的愛教導你如何與所有存在相處，會讓你陷入無邊界的宇宙之愛，體會到痛苦與狂喜。我們人類是用身體的每個細胞與心的每種情緒去體驗愛。不求回報的愛是很好的練習，因為我們對

他人沒有期待，就能夠單純因為愛去體會愛的美麗。音樂劇《窈窕淑女》（My Fair Lady）中，愛上女主角的佛萊迪唱道：「只要身在所愛的人住的街上，甚至處於同一個宇宙，那就夠了。」在合一的狀態下，所愛的人無所不在，不管你到哪裡，都是在那條街上，因為愛而陷入狂喜。

沒有任何事物會比愛更真實，這並不是幻想！只要能好好駕馭，任何一種情緒都能幫助我們更深刻地體會愛。鋼琴上的每個琴鍵都可以用來彈出情歌。愛從你的內在湧現之時，要把愛看做是一份禮物，不管是否能有回報。能夠走到這一步的人不是太多：能讓愛帶著你進入更寬廣的現實。如果初學者知道愛會帶來怎樣的痛苦，他們可能就永遠不會踏上這條路。

我們的學生指出，如果正處在虛幻、夢想、欲望與痛苦之中，其他人會說要跳脫出來，停止所有的幻想，回到現實世界。但愛人的人沒有脫離現實，只是他的現實大多數人無法捉摸。

> 我很驚訝地發現，我是多麼絞盡腦汁在否認真的遇見「愛情」這種東西。我所有的理智都告訴我，愛不真實，它是一種依戀、一種幻想、一種虛像，只是思維建構出來的東西。

那些不希望去探索這種愛究竟是什麼的人，他們的疑慮會在此處加深。第六步驟是一種邀請，希望你臣服於愛，以及伴隨愛而來的痛苦。這個步驟會讓你預先看見一些即將在合一步驟（第七到第九步驟）中呈現的魅力。

走在與所愛的人建立關係的道路上，我們先是從第四步驟的覺醒開始，受到外在所愛的人給予我們啟發。到了第五步驟，我們學習如何對所愛的人付出。而在第六步驟中，所愛的人像玩捉迷藏一樣消失了。現在，我們面對的挑戰就是感覺所愛的人其實就在我們的內在。然後到了第七步驟，我們便能在任何人事物當中看到自己的所愛。

第六步驟的里程碑與特質

第六步驟會清除累積在我們思維中的事實與意見所帶來的沉重負擔，讓你用新的方式去思考。把你限制在個人的智慧的那道藩籬，現在已經清除。你會發現自己對他人的貢獻並非來自你的意見，而是來自你個人經驗的本質。

所以我們不再需要為了自己的觀點與他人爭吵辯論，因為你也不確定自己的想法是否正確。當你越來越不在意自己的意見與他人的意見，就會發現這些意見不再是關係中的障礙。

第五步驟運用個人意志，第六步驟採取被動，第七步驟則是進行兩者的整合。你不再要當追尋的人，而是要讓自己被找到。不是讓自己的理想帶著你回到自我，而是變得願意去尋找所有的理想中的理想。

第六步驟向前邁進一大步，卻是以透過往後退的方式，先降到一個低谷，然後往上提升。花了大量心力累積，讓你感到驕傲的知識與專業，現在卻讓你距離完美如此遙遠。也就是說，最大的優點現

在成了最大的缺點，因為它掩蓋了你內在大部分沒有被注意到的潛能。你所熟知的自己阻礙了你所不知道的部分。所以，現在你必須把原本運作良好、讓自己感到驕傲，而且形成自我認同的部分通通丟掉，這樣才能讓心被隱藏的特質顯露出來。

舉例來說，也許你是位電腦工程師，用這部分的專長在吃飯餬口。可是，你從來沒有時間去經驗自己身為音樂家的潛能，如果有辦法發展的話，可能會成為更強的能力。所以拋棄自己原本認同的電腦工程師角色（但不是寫程式的技巧），就可以發現其他的身分認同。

傾聽你的身體

靈性發展是回歸完整，將你各部分的存在整合成一個凝聚的中心。我們大部分的存在都屬於無意識的範疇、是我們所不知道的，深層的奧祕。身體的運作也多半在沒有覺知的狀況下進行。思維則是大部分由潛意識的衝動來驅使，理性思考只是意識之海的表面。心的深層感覺大部分都還沒被探測過。靈魂的光輝想起來都是很朦朧。

外在的生命如此迷人，我們很容易忽略了自己的內在有什麼，所以我們的內在生命就沒有得到發展。然而我們又渴望透過內在生命，來賦予外在生命意義與目標。於是我們的深層部分便送出一個訊息給我們，通常是透過我們的身體。在走到力量的步驟時，也就是第一、第三、第五步驟時，你會感受到榮耀，這是相對之下比

較好處理的。臣服則比較困難，所以身體會送給你一個訊息，幫助你進入一直在抗拒的臣服步驟。這些訊息常常會是以崩潰的形式呈現，也許是發生意外或者疾病。

有些人會說：「宇宙為什麼會以『生病』這訊息來給予我們啟發？」這是我們對於揭露自我的渴望而產生的啟發。一開始這種渴望送出的訊息較為溫和：夢境、情緒、感覺到潛力、欲望或疑問。這些訊息通常會被忽略，但心的渴望還是一直持續發生。

以下關於拋棄所知的故事，來自 IAM 的導師與僻靜引導人辛普森（Judith Simpson）：

在我四十歲那年的春天，因為身經百戰，所以覺得自己在某方面已經無堅不摧，面對人生的悲劇能夠處變不驚。熬過了真正困頓的局面，我開始教人冥想，發展靈性團體，開設了蘇菲教派的中心，帶領自己的學生。幾年前我創立一個非營利組織，並擔任負責人的職位。工作量很大，但那時我覺得再大我都可以應付。我就像個女超人一樣，沒有任何事物可以限制我。而且在感覺到自己無所不能的狀況下，我相信也沒有人看得見我的極限。

我的穿越未知的旅程，是從我家門前的石板路，沿著路邊的花圃拔起雜草開始。我家那年春天遭到大螞蟻侵襲，因為不知道該怎麼辦（而且我很沮喪），丈夫請來除蟲專家，在我家內牆與外牆之間的庭院噴灑殺蟲劑。我還記得自己看著人行道上的大螞蟻，體會到一種「無界線」的經驗：我處於螞蟻的意識中，感到飽受殺蟲劑的毒害，地面好像在我腳下顫抖，我不知道自己究竟是

誰。這是一切恐慌的開始，小小的地震撼動了我細心建構的個人與專業認同，直抵核心。幸好那時候我不知道這段期間會持續多久，沒有想到那時我擁有的任何知識，都無法幫我脫離這樣的狀態，也沒預感在這個狀態完全「結束」之前，我的生命會有多大的改變。我無法想像有一天，我的口頭禪會變成自己的名字，我必須隨時提醒自己到底是誰（或者至少我以為自己是誰）。為了讓自己鎮定下來，我會出去散步，而每一步都必須這樣告訴自己。

這種恐慌與人格解體的狀態，發生得越來越頻繁。讓我幾乎沒辦法好好做事。我以為自己得了暈眩症，而我對於症狀的描述，曾經讓醫生以為我中風了。顯然我不能繼續這樣下去，於是我開始放掉自己的一些責任。我暫停冥想的教學，暫停帶領學生工作，減少工作分量……但是這樣的狀態，以及我對這種狀態的恐懼，仍繼續增強。

我以為自己崩潰了，但奇怪的是，我的思維還是和以前一樣理性清楚地運作。到最後，我覺得自己與所有事物的連結都斷了，除了大腦似乎完全不受影響。我找不到身體在空間的位置，有時候會非常驚慌，無法產生任何認同與連結。焦慮和恐懼控制了我清醒的時間，可怕的夢境控制了我的睡眠。

然而，我的思維思考能力卻沒有減退。這麼說對笛卡兒很抱歉，但的確：我思故我在。

我看了幾位心理治療師，但都沒什麼幫助。不過有一位心理治療師，是我在接受心理治療訓練時認識的，之前是我的老師。很感

謝他發現自己無法幫我太多，所以將我轉介給一位他覺得能夠幫助我的治療師。這位治療師大大地改變了我。他說服我（雖然遭受許多抗拒），治療的路徑是透過我的身體，我不可能在靈魂支解或智力脫韁的狀態下存活，我必須接受自己的人性、歷史與整體，以便能在這個星球上存活並完成我的目標。

一度，我必須接受這隻伸出的援手：有趣的是，我必須成為一隻小螞蟻，敲掉女超人形象下的台座，再度開始建構自我生命的敘述。這一次，我必須充分認知到陋習濫用、過高成就、長期恐懼與沒有連結的情緒對我的影響，如何讓我落入現在的境地。我必須感受自己逃開的情緒。每一件事情我都必須認真努力，不管是空手道課、舞蹈課、瑜伽，或是手療課程，以便發現並重新獲得穩固身體的基礎。

這花了我很長的時間。好幾年！其間，我的丈夫外遇離開我和女兒，家庭收入頓然少了六成。女兒離家去外地上大學。我得招租房客才付得出女兒的學費。這是我這輩子第一次完全一個人。感謝老天，我保住了工作，雖然方式有點詭異。因為我很會劃分生活和工作，所以不斷升遷（這項能力的確有其優點！）這段期間最讓我痛苦的事，是我無法冥想。冥想，或至少是我受訓過、學習過的那個方法，會讓我的人格解體惡化。對此我感到很悲傷，因為冥想原本是我生活中一件不可缺的事物，讓我度過許多困難，給予我平靜與慰藉。

我走過了這一段，對我的治療師充滿謙和與信任。但因還是無法與身心靈的根源連結，知道自己不能回到我熟悉的冥想方式，所

以我向普蘭和蘇珊娜求助。心律轉化法向我展示了一種在這個世界中作為神祕主義者生活的方式，這是種榮幸的存在方式。這讓我經歷的「闇夜」有了意義，現在我覺得這是讓我成為現在這個樣貌的必要條件。

對所愛的人說「好」的時候，絕對不會知道接下來會發生什麼。你不知道需要學習拋棄，或重新學習什麼，而且絕對不會在一開始就知道。測試會以想像不到的方式進行。信不信由你，你會因此而心生感恩。

我們不會知道，走入「闇夜」，路途上會發生什麼？需要調整什麼？全心奉獻的人，到了第六步驟會覺得被神拋棄。知識分子會覺得這代表理性邏輯完全崩毀。以行動為導向的人則感受到面對不可能跨越的障礙，因此缺乏動力。不論如何，第六步驟會讓我們失去自我的定義，以便去發現並發展自我更偉大但還沒探索過的特質。

不平穩的進程

你所做出的每個承諾都必經過相同的步驟：測試、認知了解、理想化等等。當你展開一個新的工作、一段新的關係、一項新的嗜好，或其他事物，都必須通過這個承諾的所有步驟。你生活中的不同領域，包括你的人際關係、工作、靈性發展，可都在不同的步驟。舉例來說，也許你在人際關係上，心完全敞開，但工作上卻沒有。生活中的某個領域超前的話，其他領域可能就會延遲。

你可能在事業上來到「專長」（第五步驟），但婚姻可能還沒。這現象十分常見。我們在工作上時時接受磨練，但婚姻卻沒有。如果我們熱愛自己的工作，最後就能夠創造出一種能表達自身理想的工作，甚至能夠因此獲得大眾的認可。但是應用第五步驟，在婚姻中創造自己的理想，會是另一種非常不同的方法：是為了另一個人，成為他們希望我們變成的樣子，來幫助他們成長。

一個領域中步驟的進展，可以帶動另個領域的進展。有些人在工作撞牆，於是將注意力轉移到關係上，也可能是因為那個人病了，或特別需要幫助，也或者是因為他們愛得更深。有些事會讓你用一種去除之前成見的方式，去回應另一個人，於是你便能感受到與對方產生新的親密深度。而這項突破會影響你的工作，產生連動發展。不管是在任何領域，只要突破到新的步驟，這新的實踐，就會發展出能力來，帶動所有其他的領域也能展現這個實踐。

第六步驟的導師

沒有靈性導師與練習的協助，一般人多半無法有意識且穩當地來到第六步驟。在沒有協助的情況下，第六步驟的闇夜很容易會是非自願發生，因此令人無法了解欣賞闇夜的美麗與必要。結果常常是讓人退出這個陌生而害怕的步驟，回到專長（第五步驟）的舒適圈。我們看過很多成功的人有如此的經歷。要讓第六步驟變成自己的基礎經驗，就必須敬佩並享受這個步驟，抱持著接下來會更好的信心。通常這會需要導師提供智慧與支持，或至少給予靈性道路的

指引和練習。

如果在第五步驟就找到靈性道路與導師，那麼第六步驟的混亂就可以早點結束。如果你現在處於第六步驟，正在尋找靈性導師，這份急切會讓你與導師之間的神聖連結關係發展得快一點。如果你擁有值得信任的導師，就能以心傳心，吸收他們的經驗，找到自己向前的道路。如果沒有人在啟蒙時向你伸出援手，要通過這個步驟，就會很不容易。即使像耶穌這樣的人，都需要施洗者約翰的啟蒙，所以我們當然需要有經驗的導師給予指引。

在工作、嗜好或人際關係上到達第五步驟的人，多半不會尋求靈性的發展，因為人生運作得很順暢。一般人比較容易在第四步驟或第六步驟，發現自己產生靈性發展的需求。如果在第一到第五步驟之間尋求靈性的歸屬，那麼靈性練習方面的進步會打開內在的門，讓你在人際關係與事業成就方面獲得更快速的發展。

進入了拋棄所知的低谷，你會看到自己真正倚靠的是什麼，你的信仰究竟在哪裡。當你沉溺於對存在的極度不滿之中，導師會伸出援手。接受這份協助，你就能獲得生命中一位值得信任並敞開心胸的良師益友，與你同行，並指引你方向。以導師為觀想的對象，你就能和他擁有相同的理解與信心。

有些人分辨不出究竟是臣服步驟的闇夜，或只是普通的挫折、創傷、背叛、失敗、失望等。每個人都有自己的困難，闇夜很少見。第六步驟會對你的自我概念產生根本的挑戰，你必須重新思考三大問題：「我是誰？神是誰？我們怎麼相互合作？」如果遇到的困難不會讓你改變對這三大問題的答案，那麼你的實踐程度就沒有改

變，也還沒有進行到第六步驟。

第六步驟與原諒

　　原諒多半會經過幾個可預期的階段，不一定絕對是這樣的順序，
但大致上的方向如下：

　　1. 首先，會責怪對方先對你做了什麼，譬如：責怪父母打小孩。

　　2. 然後，進展到替對方找藉口：「她其實不知道自己做了什麼，
沒有人教她怎麼當個媽媽，她壓力太大了。」或是「他懲罰的其實
是自己。」

　　3. 接下來，就會放手原諒。「我原諒他了。我不想一輩子背這個
包袱。那是很久以前發生的事了，我現在要忘掉。」

　　4. 自責可能會被誤以為是原諒。「我就是個壞小孩，難怪媽媽會
想打我。」除此之外，可能還會產生更具哲學性的想法：「每個人
的童年多少都有缺憾。家庭暴力其實很常見。除了你愛的人之外，
沒有人可以傷害到你。」

　　5. 最後的階段是原諒，這個階段通常要發展到第六步驟才能做
到。你會說：「我很感謝發生在我身上的一切。如果有任何時刻改
變了，我就不會是今天的這個樣子。生命中所有的事件，都教導了
我，讓我覺醒，給予我生命的高度與深度經驗。如果當初事情照我
覺得對我最好的狀況進行，也許就會因為這樣的無知製造出更多問
題，因為我其實不知道自己真正的需要。所以感謝神，感謝祢給我
的一切。現在我知道祢想要帶我到哪裡去，我不會再抗拒。」

第六步驟的反思

你曾經歷過靈魂的闇夜嗎？看不到該怎麼往前進，或者根本不知道怎樣才叫往前？黑暗中是否出現了一種新的覺知之光？

你是否曾（實質上）放棄過自己所愛、所努力獲得的一切？為什麼？

你是否曾因為愛而做出犧牲？得到了什麼？

你是否曾因為愛一個人而放他走？你所愛的人發生了什麼事？

你是否曾悲傷到放棄自己的欲望、計畫、期待，甚至是對自身的了解，臣服於「事情就這樣」，這就是「唯一存在」的願望？然後你得到了什麼？

你是否曾相當絕望以致自己無法找到出路？你是否接受了幫助你的人的援手？

以下是「潛入心中」練習的所經驗的故事：

我一直覺得要碰觸到自己脆弱的心，是很困難的一件事。但有一天早上，我做到了。我發現自己在一艘迷你潛艇裡，眼睛發的光就像探照燈。所有的事物看起來都呈現深深淺淺的紅色。我好好地檢查自己的心，發現心的背後看起來很暗。我將探照燈投射在心的牆壁上，看到深深的溝紋和一些小裂口。探照燈照在裂口與溝紋上，就像雷射一樣讓我的傷口癒合。心的背後也因此亮了起來。我檢查一下心背後的底部……感覺起來疼痛而脆弱。我用我

的淚水洗滌了內心。

──寶拉‧羅姆

現在我已經試過這種練習好幾次。第一次當我深入自己的心，內
在的聲音說：「喔！不要！」我的眼睛探測到深處，內在發出聲
音：「進來吧，別躲了！」然後聽到這句話：「釋放內在的聲音，
大聲把愛說出來。」我看到底部有個小黑點，稍微集中一下注意
力，就把黑點擦掉了。這其實是個裝了無價之寶的金杯。我感到
強烈的震撼，心的背後打開了……這天早上，我又進入到心中，
看到有人溺水，揮舞著雙手大喊：「救命！救命！」我直覺地想
伸出手去拉她……但是，我突然發現到她是誰，就讓她溺死了。
再見。杯子裡無法裝得下兩個人。現在這個杯子不再存在我的內
裡，而是包圍著我。我在杯子裡，被無邊的海水淹沒。內在與外
在融合。杯子不見了。

另一次冥想中，我低下頭看進裡面，出現了一個開口，就像分開
水面一樣。我看到了「我自己」，拍打著海水，揮舞著雙手，大
喊救命，但還是沉了下去。我看著她淹沒，我看著她臉色發青，
掙扎著死去，無法再呼吸。她消失了，看不到了。然後我抬起頭
再度潛入自己心中。一道橘色的火光，伴隨著紅色的太陽升起。

──無名氏

註釋

49 哈茲若‧音那雅‧康，第十卷《啟蒙與門徒的道路》（*The Path of Initiation and*

Discipleship），第一章〈啟蒙的道路〉（The Path of Initiation）。

50 哈茲若・音那雅・康，第五卷《看不見的海洋裡的珍珠》（*Pearls from the Ocean Unseen*），〈生命的目的〉（The Purpose of Life）。

51 哈茲若・音那雅・康，《桑吉塔》（*Sangitha*），第二章〈塔林、教導、較高的啟蒙〉（Ta'lim, Teaching, Higher Initiations）。

52 《約翰福音》15:13。

53 這是我們對哈茲若・音那雅・康所寫的偉大戲劇做出的詮釋。hazrat-inayat-khan.org：第十二卷《四齣戲劇》（Four Plays），〈烏娜〉（Una），第四場。

54 哈茲若・音那雅・康，第十二卷，《神與人的洞見》（*The Vision of God and Man*），〈財富、心電感應的奧祕〉（Wealth, The Mystery of Telepathy）。

55 稍早提過的波斯兒歌。

第十六章

第七步驟：合一（Unity）

祕士觀想的對象是神的存在，所以他們的意識會超越時間與空間的限制，
同時透過將自己提升到神聖的領域來解放靈魂。

——哈茲若．音那雅．康 [56]

第七步驟是合一意識的突破，在這個步驟你會體驗到極度的自由，這自由來自於被一個時間，一個空間，一個身分認同所約束——這也就是合一的真諦。到目前為止，你已經感受過一些神聖特質，例如洞見、智慧、同情、忠誠、喜悅、神聖。然而現在你經驗到的是神聖的存在，也就是擁有這些特質的唯一存在。你的存在比起自己所有的技巧、天賦、表達與貢獻都要來得龐大，因此神性的存在當然也永遠比這些神性特質來得龐大。

我們一輩子所追求的心的理想，現在看起來成了一種限制，只是個人的理想，而不是所有理想的統合。想要繼續在靈性道路上前進，你就不能只是達到覺得對自己最好的程度，也不是對全人類最好的程度，而是去達到人類之心所渴望達到的程度。

> 進一步的啟蒙階段，也就是第七步驟，我們會提升到比自己創造的理想更高的境界。我們會提升到完美的理想，超越人格，觸及完美的存在（Being）。
>
> ——哈茲若・音那雅・康 [57]

> 祕士之所以能夠稱為祕士，就表示他們來到一個境界，他的理想遠大於能被一個名字所包含。當然他可以為理想任意命名，但如果他們會用一個名字去涵蓋自己的理想，那麼他就絕對還沒到達祕士的境界。
>
> ——哈茲若・音那雅・康 [58]

蘇菲祕士知道，生命中任何方向的發展都必須倚靠理想。一個人的理想有多高，就能在生命中提高到那個程度。到最後，他會看到每個理想都是他自己所創造，他創造了每個自己想要達到的理想。但是理想本身限制了完美的存在，因為我和你都在這個存在之中。當自我了解到：「我就是全部。」這時候，打破自我的理想就會是最後的目標。

——哈茲若・音那雅・康 [59]

將你的理想，砸碎在真理的磐石上！

——哈茲若・音那雅・康 [60]

理想就像是站在山谷裡，仰望人類可能性的山巔。可以清楚看到山峰的某一面，但無法看到全貌，所以只能從自己的角度與觀點，看到人類的心中有著怎樣的可能性。

第七步驟是去經驗現實本身。不從任何單一角度看待現實，也不經過一般觀察現實的透鏡，而是直接與現實接觸。我們可以經驗到所有的理想，超越單一的理想概念。這樣的經驗刺激、新奇且前所未有，因為整體的經驗無法用部分的經驗去推論，不管這個部分大小如何。

在對現實全面而完整的體驗中，並沒有區分為「我的」和「你的」，也沒有「好的」和「壞的」。這些分歧是由思維的辨別能力在沙中所劃出的線條。

世間事無好壞，全為思想使然。

——莎士比亞 61

只有透過心才能獲得合一的經驗，因為心可以容納所有，同時是所有的一部分。這種情感上的接納是獲得所有經驗的必備條件。

情緒的整體性

情緒的整體性是合一經驗的特質，是感覺到所有情緒的情緒。如果把人類的情緒看作是鋼琴上的琴鍵，大部分人主要是位於中央的八度，也就是情緒的中間範圍。我們可以處理快樂，但不能過頭，像是狂喜就絕對不合適，這種情緒會被人以為是瘋子。我們可以感受到一點點的悲傷，但也不能過頭，不然就會陷入憂鬱。只要我們害怕自己的情緒，就無法將自己的情緒範圍擴展成具有力量的宇宙情緒並表達出來，譬如像是韓德爾的歌劇《彌賽亞》（Messiah）那樣。

經驗整體存在的主要障礙，是我們對於整體情緒的恐懼。我們願意去感受平靜、愛與喜悅，但這些都只是整體情緒的一部分，無法讓我們經驗到整體。要感受到神，就必須願意感受神的情緒，而這種情緒是所有的情緒。其中包括了完全的平靜、無條件的愛與無止境的喜悅，但也包括無盡的渴望、無法理解的背叛與不能平復的悲傷。如果有任何情緒受到壓抑，那麼就是在排斥神的某個部分，也就拒絕了合一的經驗。

我們可以安全地處理情緒的整體性，不應該感到害怕，因為感受到整體情緒的並不是你個人的心，而是所有的心（Heart of All）。所有的心能夠經驗所有的情緒，這是永恆的現實。要來到第七步驟，就必須在信心上產生一大跳躍，你願意去感受的情緒，會是一種喜悅與悲傷、平靜與痛苦的完美混合，整體來說十分強烈，但是安全。

　　於是我們就能理解，為什麼想要重複體會合一經驗，就必須先讓心發展起來。我們可以在心沒有敞開的情況下，體會一次高峰的合一經驗，但可能會因為衝擊過大，而害怕再次發生。當心的容量擴展了，就能夠迎接並尊重存在整體經驗的能量與情緒。

真正的導師

　　有了第七步驟的合一經驗之後，你就能夠教導任何人，不論他是什麼原型（archetype）、有什麼信念或理想，因為你能夠欣賞人類渴望的多樣性。你能夠幫助人在他們自己的道路上前進，即使這條道路與你自己的很不相同。

　　有智慧的人，會同意愚笨的或聰明的意見，因為他能夠理解每個人的觀點。這可能不是他的理想或看法，但他能夠從他人的角度來看待事情。一隻眼睛沒有辦法看到全部，要讓視野完整，必須使用兩隻眼睛，因此，有智慧的人可以從兩種觀點看待事情。如果我們不能摒棄自己固有的想法及原本的概念，如果我們不能安

靜接受並渴望另一個人的觀點，就可能犯下很大的錯誤。第三個
階段讓我們有機會了解每個我們遇見的人。

—哈茲若‧音那雅‧康 [62]

第三階段是透過第七、第八和第九步驟獲得合一的經驗。雖然
這些步驟在概念上非常接近，而且對大部分人來說是超乎尋常的經
驗，每個人都會覺得從這些步驟中體會到了高峰的感受。第七步驟
是覺醒，展開靈性的生命新階段，就像第四階段是較早的過渡，展
開心的生命階段。

第四階段中，心的敞開改變了你與這個世界的關係，顯露出你的
理想，反映出你的靈魂，因此呈現了你這個個體所定義的特質。第
七步驟是一個覺醒的步驟，會展現出絕對，也就是沒有受到個體過
濾的經驗，不是以二元對立來呈現。「你」不存在，雖然會覺知到
壯麗而美妙的經驗，但感覺起來不會是屬於你自己的經驗。你是在
分享宇宙自身擁有的所有經驗。

一次的合一經驗並不會改變你的世界觀，型塑自我概念與現實觀
的經驗十分根深柢固。只有透過不斷暴露在唯一存在的現實中，你
才會開始看到你的全部觀點，包括你是誰以及生命的本質，必須進
行重組，以適應你內在浮現的更廣泛的現實觀。

在思維的階段，也就是第一、第二與第三步驟，你是用自己的
觀點來觀察世界。將注意力集中在某個對象上，就出現了主體與客
體、觀察者與被觀察者的二元對立。到了心的階段，也就是第四、
第五與第六步驟，我們是透過觀想另一個人或物的觀點來體驗世

界，你變成了自己專注觀想的對象。看起來好像克服了二元對立，因為這種經驗完全與自己的觀點不同，而且觀想的力量非常強大，但你還是一個獨立的個體，觀察並與世界互動，雖然是從完全不同的角度。這還是二元對立；然而在合一的狀態下不會有個體。

用祕士的語言來說，你是透過直接而個人的方式感受到神，神並非他者，而是存在於你的內在，而你也是永遠在祂當中。這時候，你不會覺得感受到的是自己，而是覺知到你對神的感受，讓神也感受到祂自己。

從第五到七步驟的進展

第五步驟到第七步驟的過渡，是最困難的部分之一，因為理想的力量雖十分強大，但現實的力量更強大。在這兩座高山中間，有一座深谷，所有的事物在這裡都會遭受到質疑。

蘇珊娜對於這樣的過渡，是這麼說的：

我在維也納大學，也就是佛洛伊德曾經講學的地方，攻讀心理學。我的高中老師曾經接觸過精神失調的症狀，她的描述讓我感到好奇。我想知道人為什麼會得心理疾病。此外，我也想知道靈魂是什麼，因為「心理學」的意思就是「靈魂的科學」。有個看法是，精神失調的人其實是與自己的靈魂結合得很緊密，就像許多祕士與聖人都曾罹患精神疾病一樣。

在大學攻讀的五年間，我曾經在幾個心理診所實習。但通過口試

之後，我發現當時在奧地利，心理學博士能夠從事的行業非常有限。我可以到診所上班，幫病人進行一連串檢測，判斷他們的心理與情緒狀況到底有多糟。那時候除了藥物之外沒有其他療法，也沒有任何嘗試，去發現疾病如何發展或該如何治療。

我對於心理學在情緒方面的理解以及靈魂本質興趣的欠缺十分失望，所以決定離開這個領域。意外地我愛上了劇場，花了好幾年時間當演員和導演。劇場讓我對自己的領悟，能量和所處的狀態，都有更多的學習，遠遠超出我在攻讀心理學時能夠學到的。但我從沒有對劇場做出承諾。我一直很害怕劇場，因為感覺起來很不像我的人生目標。幾年後，我接觸到冥想，最後認識我的導師，我學到一個可以真正感受自己與他人靈魂的方法。

關於靈魂的經驗發生在第七步驟。普蘭講述了他的親身經歷。

一九六八年，我拜訪了幾位坐牢的好朋友，他們因為拒服兵役而被判刑五年。

我們曾一起參加和平運動。當時，在這個警備不太森嚴的監獄裡，囚犯不須穿著囚衣，而是穿自己的衣服即可。甚至也沒有隔離的會客室：訪客可以自由地在監獄的庭院裡和囚犯混在一起。我和這些朋友講話的時候，另一名囚犯走過來，很開心看到我。他熱情地和我握手，歡迎我。他以為我是新來的菜鳥。當他發現我不認識他時，便說：「我確定認識你。就是你說服我交出兵役卡！你現在怎樣？要在這蹲多久？」我必須說我沒被抓。原先認

為自己一定會坐牢，甚至和太太決定生下女兒，因為這樣可以幫助我和太太，在我坐牢期間維持住我們的婚姻。但不知道怎麼搞的，兵役委員會和聯邦檢察官讓我逃過一劫。

我鼓動其他人和我一起拒服兵役。雖然我沒有因此受到傷害，但卻嚴重傷害了那些聽從我建議的人。後來我沒有再去拜訪坐牢的朋友們。其中一位朋友在從牢裡出來之後來找我。因為孤獨與性侵而完全崩潰，他已經被毀壞殆盡。「我做了什麼？」我心想。「以和平之名，造成了傷害！」我因為自己和平主義的理想採取了行動，但這傷害到其他人。我似乎沒有其他選擇，只有放棄這個深深形塑了我的自我概念與人生選擇的理想。我離開和平運動，進入第六步驟的闇夜。

我急切地尋找真理，一年後終於找到了。不能說是我找到我的導師，其實是他找到了我。

不是你們揀選了我，是我揀選了你們，並且分派你們去結果子，叫你們的果子常存。[63]

我們覺得是自己在尋找，但我們的尋找注定失敗。我們必須讓自己被找到。這就是第七步驟。

另一個故事是來自一位朋友，他本著自己的理想而行，卻遇到不得不屈服的狀況：

多年來我在美國政府行政部門一名有力的主管底下做事，任命協助環境汙染的清理問題；全國各地成千上萬的加油站和儲油設施

使用地下老舊的儲油槽，這些儲油槽不斷漏出石化物質，汙染了土壤與地下水。我進行背景調查之後，發現一條新的聯邦法律規定，所有滲漏的儲油槽都必須更換，於是我追查了肇事者。我的行動直接讓四萬家小型公司無法繼續營業，因為他們沒錢更新儲油槽。後來發現，被我強制破產的許多公司，都被我的上司掌權的一家企業以拍賣價格買下，然後我的上司還讓立法通過使用聯邦基金來更新滲漏的儲油槽。

我很憤怒，我以為自己是在實踐我的理想，但其實是被一個腐敗的政府官員利用了。於是我辭去工作，並到國會作證指控我的前上司。最終什麼都沒有平反，而且我還遭到人身威脅。我陷入了前所未知的黑夜狀態。

另一個故事來自我們在一九五〇年代認識的一名男性：

史帝夫就讀研究所時參與了社會公義運動，他積極投入想幫助那些低收入的人。但後來發現帶領這項活動的人其實私底下是共產黨員，而且手段讓人反感。史帝夫覺得被理想背叛，於是將所有的注意力都放到科學上。他在研究領域做出了重要貢獻，並一直對政治經濟方面的理想主義抱持懷疑態度。

第六步驟的觀點是：「我不知道該怎麼幫助這個世界，或是幫助任何人。我想做的事情都變得不對勁。甚至不知道什麼才對自己有幫助，或是該如何讓自己獲得平靜。」我們面臨的挑戰就是看著人

類的進化發生，但是那是以我們不了解也無法認知的方式進行。

第六步驟的犧牲，是犧牲個體自我的概念。沒有什麼能做，也沒有什麼能說。不過，還是有希望以一種樂觀的形式呈現：「我相信世界上仍然有靈魂的火花與善意的光芒，重要的時候會在人們心中浮現。如果我們值得和平，那麼和平最終依然會到來。」想要創造和平的世界，必須了解整個世界，而不僅是局部地對世界裡的某個人有所理解。現實很複雜，我們也很難出手幫助別人。你真的能夠看出發生什麼？需要怎樣的幫助嗎？

想在有限的理解下提供幫助，會產生怎樣的問題，可以看看下面這個經典的蘇菲教導故事。

你和自己的靈性導師一起旅行，他同意讓你參與自己的工作，但是你不可以干涉或質疑他的動作或行為。

你們兩人來到了一條河邊，河面很寬，游不過去。正好有一艘船經過，你招手請他們幫忙。過河的時候，導師不見了，你在貨艙找到他，他居然在船底鑿洞！就在快到河的對岸時，船擱淺了，你們兩個努力掙扎著安全上岸。

沒多久，你們來到一座古城，周圍城牆破爛。因為天黑了，人也累了，你請求當地居民收留你們，但這裡的居民很不友善地拒絕。你筋疲力竭地想離開，導師堅持要停下來修復一段城牆，也說服你一起幫忙。

在繼續往前走了許多哩路之後，你和導師發現己來到了一個王國，國王似乎和導師很熟。你們兩個被視為貴賓一樣對待，你甚

至騎著馬和國王與王子並行。這時候，你、導師和王子脫了隊。你驚訝地發現，尊敬的導師竟然明顯且故意地要讓王子摔下馬來。王子的腿斷了，你不得不和導師騎著不屬於你們的馬趕快逃走。

你完全糊塗了，最後爆發出質疑：「我沒有辦法理解你做的事，拜託你可以告訴我為什麼你要讓船擱淺，船長那麼好心送我們渡河。又為什麼要幫拒絕救我們的人修城牆，還有為什麼要傷害慷慨國王的寶貝兒子？」

「這些事都不像你表面看起來那樣。」導師回答：「那時有一群海盜順流而下，如果船沒有擱淺就會被霸占。把船弄壞了，船長可以修好並保住他的船。至於城牆，是那座城居民的祖先藏了寶藏在城牆裡，修復城牆就可以把這些寶藏留給下一個世代，也許到時他們會比較聰明，不那麼好鬥。至於摔斷腿的王子，其實他個性冷血殘酷，以後會成為暴君。那個王國的法律，王位是父子相傳，但繼承者身體要健全。王子瘸腿了，王位就會傳給他個性善良的弟弟。」

這個世界並非隨機發生，而是由可以看見超越自身欲望與意見，會珍視唯一存在的智慧的人來治理，這樣的人了解到是唯一存在（the One）在創造、維持、摧毀並重建世界。我們需要具備更廣大的意識以及更進化的實踐，以便能夠真正了解什麼是對什麼是錯，如何提供幫助，何時不要插手。在第七步驟，你的行動並非來自想要實踐自身理想的熱情，不做任何動作也不代表你漠不關心或

不懷希望。所有的行為都來自一個已經發展的意識，讓我們直接看到這個世界，而不是透過自我的透鏡來觀察。

上面故事中的導師時不時會破壞所謂的理想，例如誠實、尊重他人財產、避免暴力等等，因為他的視野更寬廣。我們在第四步驟發現自己所鍾愛的理想，第五步驟花了許多時間與能量來發展它，但到第六步驟時這個人的理想被破壞無遺，只有經歷過這一切的人，才可能做到故事中這個導師的程度。從理想的碎片中，會浮現更絕對的理想，比你以前所知道的任何事物都要來得崇高偉大。

沒有經過第六步驟，拋棄所知的人，會根據自己個人需求的技術、欲望與理解來實踐自己的想法。雖然這可能不會直接幫助到源頭，但任何人所做的任何事都有價值，只要是他們發現自己的理想，學習將心用在完成他們想要完成的事情上。第六步驟的人處於被動狀態，但到第七步驟時一個人又再度活躍起來，不過就不是為了個人的緣故。

普蘭有個關於第七步驟的強烈經驗，發生在一次僻靜的時候。

我在瑞士阿爾卑斯山上，和我的導師維拉雅・音那雅・康一起進行僻靜。

這次是團體僻靜，有好幾百人從世界各地前來參加。我選擇獨自閉關，跑到山裡一個更遠的洞穴。雖然只有自己一個人，但我可以感覺到多年累積而來，其他靈性追尋者為了同樣的目的，來到這個洞穴所留下的波動。

在一週的冥想後，我進入非常奇妙的內在空間，非常平靜又充滿

力量。當我回到營地，維拉雅正在戶外帶領冥想。他抬起頭看到我走過來，因為太過訝異而中斷了正在講的話。後來他告訴我：「看到你的時候我實在不敢相信，你根本不是走過來，而是整個人飄過來的。你成了景觀的一部分，而不是一個單獨的個體。」這是第七步驟對我的外表產生的改變。

源頭與自我的整合

進入合一狀態，必須將神的概念（一切所有、源頭、唯一存在、絕對、更崇高的力量）等等，與自我的概念整合在一起。在合一狀態中，不能存在二元對立，也就是物質與精神分開，或自我與神分開的情況。有一些俗語可以表達這種分離的關係，像是「謀事在天，成事在人」，或是基督教的歌詞：「祢如此偉大，我如此渺小。」神與自我分開會產生一種不健康的內在切割，無法在現實中存在。這會讓人無法完整實現自己有限與無限的兩種層面。

在古代，有一種想要克服二元思考的做法，就是主張現實中只有純粹意識的存在，其他都是想像。從這樣的觀點來看，自我也是虛像。的確，冥想的時候，我們可以感受到一種超越了自我與非自我、空間與非空間、時間與非時間的宇宙意識。這樣的觀點沒有崇拜的概念，因為沒有信徒，也沒有造物主，但的確會對一些偉大的存在抱持敬意，像是展現了無我概念的佛陀。

不過用否認二元思考中物質部分的方式，去說明合一的狀態，其實不太讓人信服。這會像物理學家如果要提出一個原子力與重力合

一的理論，然後主張重力其實是虛幻一樣。當然，主張個體不存在，所以意識呈現合一狀態，是一種簡單的做法，但否認自我會遺失創造的目的。

有些事情可以透過讓宇宙聚焦來產生，像是擾動平靜的水面造成漩渦，或是一滴水結成冰晶，就會顯露出水的本質所隱藏的層面。我們可以說，漩渦和雪花裡除了水之外沒有別的東西，但如此一來便會因為水的運作所展現的神奇力量與美麗而欺騙自己。同樣地，如果我們否認個體的存在，就無法完整地了解意識的本質及運作方式。

此外，非二元的思考方式會因此輕視個人的某些層面，例如自我。但自我是必須負起共同創造責任的角色。祕士常常會糾結於這個問題：「造物主是否需要創造物？個人能不能對宇宙做出任何貢獻？」如果不行的話，那麼創造的目的是什麼？如果可以的話，那麼個人是不是應該要負擔一些責任？如果個人的責任存在，那麼自我就必須存在。整體性的理解不能夠排除任何的部分。

第三種方式，心的道路，會導向一種整合狀態，對自我與神都同樣敬重，但不會將神與自我分開。心的觀點將精神與物質整合在一起，當作是唯一存在的不同層面。對造物主有著崇敬之心，但不會將祂視為獨立於創造物外的實體。我們甚至不會去區別，認為神不可見但自我可見，或是神無限但自我有限。現實中不須在自我與神之間畫出一條線。

進入合一的方法是有意識地呼吸

有意識的呼吸會整合現實的所有層次，從最看不見且抽象的部分，到最物質與獨特的部分。造物主持續透過創造物在表達與循環，因此所有生物都具有充滿動能的新陳代謝。流經我們的生命會透過每一次呼吸，連結我們存在中的無限與有限，讓每個人都和唯一存在一起進行代謝。

神是一個包含所有存在範圍的連續體，而自我也是一個連續體。矛盾的經歷也是。矛盾之處在於，我們感受到包圍著自己的存在，也同時經由你內在而浮現出來。

第七步驟的特徵，就是冥想的狀態變得穩定。只要閉上眼睛，進入有意識地呼吸，就可以感受到一個全然的現實，而且這個現實也正在感受著你。你會經驗到意識之海，湧起一波波個體之浪。海浪就是你，存在於這種海洋一般的經驗中，而且海浪就是海洋本身。你的全身會感受到自己的心跳，散播著宇宙的韻律。在這種宇宙的冥想之中，現實的所有層面都不會被否認。你的自我不會消失，宇宙也不會消失。精神存在，物質也存在，但精神與物質並不是分開的。物質是精神結凍的狀態，就像冰與水之間的關係。

處於第七步驟的人，你的認知提升了。現在你擁有真實的智慧與不可否認的經驗。你可以去滿足你靈魂的渴望。

合一的經驗

合一的經驗對每個人來說都很獨特，而且每一次的感覺都不一樣。但如同我們上面所討論，合一的經驗其實會具有不可能誤認的廣泛特徵。以下是幾個合一高峰經驗的例子，最後都演變成第七步驟實現的基礎。是不是跟你自己的經驗有類似之處呢？

我來到一個地方，可以說是誕生之前，甚至是受孕之前，陽光非常明亮、溫暖，充滿滋養。我覺得這裡每件事物都很美麗而圓滿。

∞

我感覺到恐懼在急速增加，死亡的威脅逼近，然後我「死了」。在這一瞬間，我瞥見了現實的本質，明顯看起來是黑色濃縮成一個點，然後以驚人的速度往十個方向與十個維度空間爆炸開來，急速地無限擴展，急速地無限複雜化。好不容易讓自我重新聚集起來，想要踏上旅程：但走得歪歪倒倒！沒辦法好好說話，都在胡言亂語。唯一想到的是，在《薄伽梵歌》（Bhagavad Gita）中，阿朱納王子（Arjuna）請求克里希那（Krishna）顯現宇宙之像。克里希那拒絕三次，但最後還是顯現了。阿朱納無法承受，胡言亂語起來，滿口髒話，無法接近。我看到許多曼陀羅，還有王座以及古埃及建築。

∞

巨大、普照、瀰漫、抹滅……在僻靜的第二天，我偷偷到鎮上想要慢跑。才跑沒多久，就進入一種覺知狀態，我和所有的事物融為一體。印象最深的是我變成了綠草，變成了房子。我還記得自己變成的房子裡，地毯的顏色和材質，還有家具的樣子。我也記

得感覺喜悅而平靜。我繼續跑下去，經驗也慢慢消散，不過好像有某些光暈殘留下來。我回到僻靜的地方，覺得自己無法、也不想講話。上樓時，遇到其中一名僻靜帶領人。我脫口而出：「這都是因為愛，對吧？」她深深看著我的雙眼，點點頭，面容充滿光彩。

∞

這天早上我坐在外頭的庭院中冥想。吸氣的時候，呼吸透過所有的存在，來到了我的心。呼氣的時候，呼吸充滿了所有的事物，創造並賦予生命。我覺得宇宙沒有中心，就是一個龐大的身體。然後我又感覺這唯一存在有一個中心，那就是我的心。不管我做什麼，都想要依循這樣的感覺而行。

∞

愛之海的冥想：我將自己投身海中，淹沒。我變成了海洋，然後感覺自己拍打著海岸，歇息在底下的陸地，同時感覺到所有的存在。

∞

我感覺到自己的心在跳動，就像宇宙的中心，還有四面八方光的流動。於是清晰無聲的寧靜降臨。

∞

這個經驗是「關於」無限，也「在」無限中。我沒有「感覺到」任何事情，雖然事後我有點震驚，原來我經驗了某種神祕的狀態。我最記得的是無限的巨大，「沒有特定地點的狀態」，以及在宇宙中絕對的孤獨。但不是感覺「我」是一個人單獨在宇宙中。

我沒有突然覺得孤單或寂寞，而是所有的身分認同辨識的依據都不見了。

伊姆萊的合一經驗如下：

我的第一次神祕經驗發生在十九歲，不是以觀察者的身分，而是直接感受到宇宙。我被不同層次的光所包圍，周遭的世界先是分解成能量，然後變成光，我看到了宇宙中的一切，包括我所認同的那個「我」，也變成了光。說「分解」其實也不太對，我發現物理學家說的都是真的。閃電穿透了我的頭部，在一瞬間移走了所有的心理與生理結構。全部消失了，剩下的無法用言語形容。感覺好像是變成光本身的特質，是所有光的本源，也是光所表現出來的樣子，不過也還是（有一些）個體存在的覺知留在內裡，而且還是和偉大的光融合在一起。偉大的光也曾經被稱為偉大的聲音，都是唯一存在表現出的形式。不過隨著經由輪迴而顯現的是光。

在一次僻靜中，我經歷了第二次合一的經驗。我們正在學習要如何被動接受神聖存在在我們身上作用。我反覆唸誦一字真言，感覺就好像我的所愛在唸誦真言一樣。而我的感受是，我的呼吸好像真的成為了唯一存在的呼吸。神對我來說不再是遙遠或抽象的理想，而是一個無時無刻、無所不在、不可否認的存在，是一種愛的訊息，而創造的目的就是要展現這種愛。這次的僻靜一直持續進行著榮耀與讚美（glorification）的行為，我身體的每個原

子和每個細胞，每個想法和每種感覺，都融合在一起成為唯一存在。隨著呼吸，這些崇高的感覺並沒有消失不見。沒有任何偏差與落失，完整的榮耀進入每一次的呼吸，散發出奪目的光彩，像是把人變成星星一樣。只是這顆星並不遙遠，就在這裡，而且閃爍著愛的光芒。合一經驗的效果會持續一陣子，也許幾個月。而能夠一直延續下去的，是擁有隨時可以「調頻進入」這經驗的能力：不是只有坐下來冥想的時候，連刷牙或對話時也都可以。

如果你是在第七步驟的階段以一朵花做為冥想對象，那麼就會擁有觀想與冥想這兩種經驗。觀想的部分，你會感覺自己就是那朵花，感覺到花沐浴在陽光和雨水中，從土壤中吸收養分，產生美麗的色彩與質地。

冥想則會帶著你進入另一個境界：你感覺到的不只是這朵玫瑰，而是所有的玫瑰，玫瑰的本質，花的靈魂。美麗、優雅、堅忍的神聖特質，還有許多許多。這是一種變成像花一樣的精神體驗。所有的玫瑰更進一步就是所有的花、所有花的本質，然後開展成生命的本質，再來是生命的生命，純粹的精神。花和你的自我同時存在，但你的存在不是花也不是人類，而是兩者兼具，兩者的精神，一切都是精神。花是讓你進入永恆無限的門戶。

我們如果以另一個人做為觀想的對象，就會感覺到對方的身體是我們的，透過對方的思考來思考，透過對方的眼睛來看。的確就是這樣，完全不是我們從自己的角度去思考別人是怎樣時，會產生的那種投射與想像的混合物。但當我們在合一的狀態下一起進行冥想

時，我們可以感受到他人的冥想經驗：他們的心與靈魂的特質，精微能量的力量，以及能量在對方體內的循環方式，宇宙透過對方以一種新的方式發現了自我。

在合一的狀態下，你是花，你是另一個人存在。不過你還可以是更多，你可以變成這些存在，浸潤並整合對方與自己，形成一個整體。這不只是一個不同的觀點，或像是透過另一個人的眼睛來觀看；而是一種宇宙性的經驗。

珍惜這段旅程

我們希望你能夠了解，生命中的每一個經驗有多麼珍貴。生命推動我們在道路上前進，不管我們懂不懂得欣賞珍惜。看起來像是可怕又艱難的時期，充滿困惑、毀滅與失落，其實可能會是一種催化劑，促成我們最需要的改變。墜落是為了讓我們準備上升。如果沒有靈性發展地圖，就無法明白這點。被困在迷宮中的迴圈，我們無法理解自己究竟是否在進展，尤其是來到第六步驟時，看起來距離我們進入迷宮的起點很近，事實上我們是在一個通往未來的進階軌道上，而且已經永遠擺脫了過去的所學到的一切。

我們可以讓生命推動自己穿過迷宮，也許有時候感覺細緻而精妙，有時候粗暴而魯莽。又或者我們可以在靈修僻靜當中，巧妙的運用，掌握這個過程。在僻靜當中，你可以帶著覺知的意圖，去經驗生命這個推動力的安排，讓自己從緩慢且通常痛苦的無意識漫步過程中解放出來，確保自己從這個步驟過渡到下個步驟時不會往後

退。你不會陷在煉獄般的迴圈中，而是會受到導師適時的提醒、激勵與愛的支持，一步步向前邁進。

但偶爾陷入迴圈並沒有不好。剛開始熟悉道路的時候，會先繞著迷宮好幾圈，你會發現在第四步驟（理想化）與第五步驟（專長）會以強大的能量推動你進展到第六步驟（拋棄所知），然後消散開來，再接著另一輪的第四與第五步驟，如此可能重複很多次。

我們的學生安德莉亞，以流暢、同理、熱情，與善待自身的態度書寫出這樣的經驗：

> 我被困在第六步驟存在的流沙中……讓我能採取行動、勇於發言，或到任何地方去的信心全部瓦解。我不知道自己理想的行動是什麼，有什麼話值得說出口，或是我應該要到哪裡去。

我們要再次強調，第六步驟在日常生活與人際關係方面，非常困難且混亂，但這也是一個值得抱持極大敬意、非常進階的狀態。從另一方面來說，這是我們必須通過，而不是陷進去的狀態。運用你的直覺來引導自己進入第七步驟，回想起自己的合一經驗，不管多麼短暫，然後在冥想時多努力一點去進入這樣的狀態。在建構自己進入合一狀態的通道時，也別忘了還有別的事情要做。

想想這個世界需要什麼，你熱衷於做些什麼。有些事情是你的使命。你可能需要暫時退出第六步驟，重新採取行動。問問自己的心，有沒有什麼是自己沒有那麼注意，但卻需要去做的。在靈性的發展中，這麼做並不會造成損失或挫敗，因為這些步驟沒有規定要在多

久的時間內完成。這麼做之後，你可能反而可以輕鬆地度過第六步驟。

或許你會害怕自己會回到一種對你來說已經過時的工作與存在方式：麻木地忙著各種任務，源自個人的任性而被責任綑綁的機械化運作。你的挑戰是使用一種新的方式來工作，讓你的心來驅動你。你要避免所謂的「應該」，而把你寶貴的心留給「必須」。

靈性的進階發展，有時是透過後退，有時是透過前進。你有沒有什麼後悔或是想要完成的事情？運用你的靈性力量去完成心之所欲。毫不猶豫地依從自己的心。只要確定自己想做什麼，是因為喜歡所以要做，而且做的方式可以展現自己的卓越與傑出。做一些別人做不到的事，將所有你的背景知識——不管是科學、醫學、藝術、音樂，或只是當個很好的朋友——以及你曾經以精神和心經歷過，知道是真實的一切結合起來。你的努力會讓宇宙歡欣鼓舞，因為知道有人能夠傾聽並採取行動。當內在的經驗強大起來，就可以藉由這樣的力量來採取行動。

以下是辛普森的合一經驗：

所有層次的知覺，其實完全是互相連結在一起：思維、情緒、身體、人格。
什麼是「我的」？為什麼「我」還要和自己區分開來？這個想法其實就把我和現實分開來。合一是真正的臣服，拋開自己過分強調的個體性。雖非常困難，卻非常必要，我們的記憶充滿主體與客體。

在我自己的經驗中，這樣的覺知是慢慢開始出現，而不是所謂的「大霹靂」。

我偶爾會在僻靜或工作坊時經驗到這樣的狀態。我的「邊界」逐漸變得不穩定。我感覺到這件事情在發生，但不知道該怎麼解釋說明。我不知道這預示一種激烈，甚至恐怖的覺醒。其實我覺得自己好像失敗了，無法處理這種來自宇宙的禮物。我必須學習如何在其中生活，而不是被「踢出去」。我必須將自己的實踐與自己的發展歷史、情緒與肉身結合在一起。

但那時候，我對這些一點也不了解。回想起來，真是奇怪，這種我渴望的合一狀態，那時常常被我以為是距離神越來越遙遠。真的，所愛的人老是在和愛人的人玩捉迷藏。

第七步驟的「樣貌」

在東方，傳說中有一個村子裡有一座花園，花園的圍牆十分神祕。只要有人想要爬上牆，想去看看那面牆後面有什麼，就會露出微笑從牆上跳掉下去，再也回不來。當然可以想見，這個國家村子裡每個人都會很好奇地想要知道牆後面有些什麼。他們覺得可以想出方法，把爬上牆看到真相的人拉下來，就可以讓他來告訴大家看到了什麼。

之後又有一個人好奇地想要爬到牆上，好奇地想知道牆的後面有什麼。其他一旁瞧見的村人，立即在他腳上套了鐵鍊，好讓他無法跳下去。這個人看到了牆後的風景，也露出開心的微笑。但用鐵鍊

把他拉下來的人們，非常失望地發現，那人一落地就失去了說話的能力。這就是第七步驟轉化的強度。

如果你不確定自己是不是進入了第七步驟，還是停留在第五步驟，那麼你就是在第五步驟。第六步驟是很清楚的臣服狀態。第三、第五和第七步驟則都充滿活力，不過第七步驟還會呈現出歷經了第六步驟所沉澱的美感。

我們發現，如果和一個來到第七步驟、直接經歷過現實的人一起冥想，會發現第七步驟在他的臉上留下了非常深刻的表情，感覺像是受過某種壓力。因為感受到唯一存在的光輝，所以你的臉也會散發出這種充滿能量的神采，可讓其他人有所感覺。第五步驟的專長會讓人滔滔不絕，但真正來到了第七步驟的人比較會是處於傾聽與微笑的狀態。

學生成為導師

蘇菲教派將第七步驟稱為「塔利柏」（Talib），也就是「追尋者」，不過這代表的是你有資格成為真正的導師。我們常說，導師是完全學會如何當學生的人。雖然可能還必須學習有效溝通的技巧與訣竅，但現在你已經擁有更深的基礎，可以讓你教導那些嚮往合一經驗的人。

這是因為你這輩子所學到的一切，現在都完全統整歸納好了。如果是在商界，這個步驟會讓企業領導人變成政治家。或者，你可能一直是位物理學家，但現在你會寫情詩了。你可能原來是位居

CEO 的高階經理人，但現在你會針對第三世界的發展、或環境生態、或任何對人類有意義的事情進行演說。專長（第五步驟）也會嘗試做這樣的事，但通常行不通，因為他尚無法考慮到每個人不同的理想，每個人不同的類型，和每個人不同的態度。在第五步驟，你只能理解對自己行得通的方式，無法超越，所以也就只能在自己的領域裡打轉。

有趣的是，你在第七步驟並不會覺得自己是個專家。第六步驟的臣服拿走了你的自以為是。在一種敬畏與驚奇的狀態下，生命顯得陌生而不熟悉，你會驚嘆於自己以前不曾注意到的美麗，以及內在世界的龐大無邊。這樣的情緒會讓你變成一位好的導師。

第七步驟的反思

在冥想的狀態下，請思考以下這些問題：

你是否有過神祕的經驗？在沒有觀察者的狀態下，直接感受到宇宙？那樣的感覺如何？

你有沒有經驗過某個存在讓你消融，但你卻不會感到恐懼或排斥？什麼時候發生的？感覺如何？

你有沒有過持續一天或更久的唯一存在（Oneness）的經驗？

你有沒有過一段時間是感覺怪異陌生而說不出話來的經驗？

註釋

56 哈茲若·音那雅·康，《話語》（*Sayings*），〈諾坦〉（Nirtan），〈格言〉（Aphorisms）。

57 哈茲若・音那雅・康，第十卷《啟蒙與門徒的道路》（*The Path of Initiation and Discipleship*），第一章〈啟蒙的道路〉（The Path of Initiation）。

58 哈茲若・音那雅・康，第十一卷《生命中的神祕主義》（*Mysticism in Life*），第六章〈神祕主義的理想〉（The Ideal of the Mystic）。

59 哈茲若・音那雅・康，第五卷《看不見的海洋裡的珍珠》（*Mysticism in Life*），〈蘇菲教派〉（The Ideal of the Mystic）。

60 哈茲若・音那雅・康，《話語》，〈瓦坦〉（Vadan），〈包拉斯〉（Boulas）。

61 莎士比亞，《哈姆雷特》，第二幕，第二場，259 行。

62 哈茲若・音那雅・康，第十四卷《微笑的額頭》（*The Smiling Forehead*），〈靈魂、來源與顯露、靈性成就〉（The Soul, Its Origin and Unfoldment, Spiritual Attainment）。

63 《約翰福音》15:16。

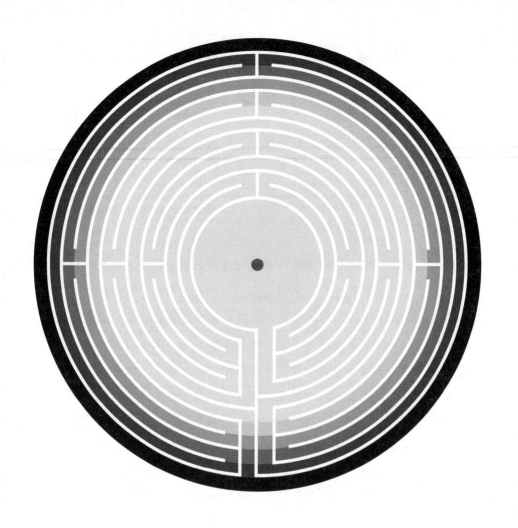

第十七章

第八步驟：指引（Guidance）

神不是只對使者或導師說話，而是對每個人都說。神會對每一顆心的耳朵說話，但不是每顆心都聽得到。神的聲音比雷聲還大，神的光芒比陽光還清晰，只要你看得到，只要你聽得到。為了要看到、聽到，我們就必須把牆拆掉，卸下自我的防禦。然後才能變成神聖樂手手中的長笛，演奏出奧菲斯的音樂，甚至可以融化有如磐石般堅硬的心。

——哈茲若‧音那雅‧康 [64]

在第八個啟蒙步驟，你會與神溝通，神對你來說就成為鮮活的存在，不再是理想或意象，不再是自己創造出的形象。你所創造出的唯一存在，現在活了起來，成為鮮活的神。在此之前只是對神的信仰與崇拜，也許神是我們所想像。但到了這個階段，神有了生命。這是多麼神奇的一件事！這個階段本身就是一個奇蹟。讓神成為實體的人不須說出或討論神的名字，你的存在便能夠啟發所有存在中的神性，並讓他們處於神的氛圍之中。遇到你的人，不管是一般人或追求靈性道路的人，有信仰或無信仰的人，都可以感受到某種型態的神。

——哈茲若‧音那雅‧康 [65]

溝通

在第七步驟中感覺到的存在，現在變得非常真實，而且你可以和祂進行對話。在冥想中經驗到的光芒、聲音、意象、話語，現在都

成為你日常生活的一部分，你可以隨時和這個無所不容、無所不在的存在進行溝通。

在第七步驟，你可能會將感覺到的存在稱呼為能量或「原力」。不過到了第八步驟這會感覺不太對。現在很清楚的是，你是一個小的存在，正與大的存在溝通。自我和宇宙的基礎本質相同，都是存在。如果自我的本質和宇宙的本質不同，那麼自我要如何屬於宇宙，又怎麼會嚮往合一？這個發現讓我們明白，每個存在都可能分享其他存在的洞見、智慧與欲望，而實際狀況也是如此。

在感覺到神的存在，與神溝通過之後，才會真正認識神。當你能夠在每個人身上都看得到神，神就會讓你認識祂的自我，因為神知道你心中沒有仇恨、沒有偏見。你看著自己所愛的人，所愛的人會告訴你一切。

具有洞見的聖徒與聖人，通常是透過他們內在心的發展來與神溝通。在冥想的時候，我們是在與神討論，感覺神的存在。這並不是說每次發生什麼小問題就要特別去進行冥想。以固定的頻率和神溝通，建立韻律，在這些時候全心奉獻給神，比做什麼都要來得有幫助。

每天早上的冥想，對於與神討論並接受幫助來說，具有特別的價值。這樣的靈性溝通會逐漸形成一種力量和現實，日夜不停地持續運行。心能夠因此敞開，直覺會告訴我們該怎麼做，何時搬家、旅行、結婚、進行生活中任何重要的改變，甚至是冥想或從事其他靈性活動。在這樣的狀況下，生活的所有層面都能逐漸進入偉

大的合一狀態。[66]

現在你已經發現，鮮活的存在常駐在你的心中，你開始仰賴這個存在。你的存在與唯一存在產生了對話。現在有什麼是你不在心中和唯一存在討論過就決定的嗎？沒有。

哈茲若‧音那雅‧康稱這樣的啟蒙為「莫瑞德」（Mureed），意思是「門徒」。為什麼門徒的步驟會在導師的步驟後面呢？門徒包含了導師所發現的宇宙。門徒知道導師就在內在，因此不須導師透露什麼，已經沒有什麼需要解釋的。所有的一切都由內在向門徒顯現，因為心會回答每一個前來洽詢的問題。

做決定

你做決定的方式，是辨認你在哪個步驟的指標。

● 在第三步驟，你會先分析事實，考慮怎樣的方向對你有利，然後做出決定。

● 在第四步驟，你會對照自己的理想，看看可不可行，然後做出決定。

● 在第五步驟，你會很有效率，因為學會了駕馭自己心的力量，以便達到自己的理想。

● 在第六步驟，你會被動地讓自己的理想在生活中運行，但是不須去理解。

● 在第七步驟，因為明白自己的理想只是個人的理想，你會覺察

現實本身有自己的設計。也就是說，宇宙之心會在所有的心中創造欲望來完成祂自己的願望。

● 現在到了第八步驟，你會詢問在你心中的宇宙之心想要什麼，然後做出決定。

來自宇宙的指引（guidance）非常清楚不模糊，你可以以全然信心依循接收到的答案去做。最後，你會感受到一種結合了疏離與信任的罕見心態。你的行動並非出自個人動機，而是受到指引。

在第八步驟，你可以做出看起來對自己不利的決定。事實上，你也會受到測試，接收到非常難執行的指引。但你知道心中的唯一存在永遠不會將你導往錯誤的方向，而且你永遠都可以看到失去中獲得的事物與獲得中失去的事物。很明顯地，沒有其他決定方式可以產生更好的結果，也沒有其他更好的生活方式勝過指引的存在。

然後是第三階段：靈魂更加進化之後，我們會開始看到理由背後的理由，看到好幾個原因，一個藏在另一個背後。每件事的發生都有原因，不管你同意或不同意、是對或錯。[67]

如果因為依循指引，看起來像是有所失，那麼一定會有所得，因為每一次失去都會獲得，每次獲得都會失去。有些直覺的目的，是要測試你對自己直覺的信心。最終你會發現，沒有其他決定方式可以產生更好的結果，也沒有其他更好的生活方式勝過唯一的心給予的指引。

現在你發現鮮活的存在常駐在你心裡，你可以開始依靠這個存

在。你的存在會和唯一存在進行對話。每次要做決定時都會詢問心裡的唯一存在。你想要自己的生命往哪裡去？就是去到唯一存在會感覺更開心的地方。

第八步驟中導師的角色

不過，門徒還是需要一個活著的老師來檢查他們內心的直覺，指引他們進入下一個步驟。這個人選必須是老師們的導師，他／她已經進入到第四階段，抵達第十二步驟。以蘇菲（Sufi）的術語來說，這個位置稱為「畢爾‧歐‧穆西德」（Pir-o-Murshid），或簡稱「畢爾」，字義是「大師中的長者」。實際上，訓練門徒的工作，可以交給畢爾的代理人來進行，這個代理畢爾的老師必須已經處於第十或第十一步驟。

當然，我們應該要有自己的靈性老師，常伴身旁，在產生疑惑時能夠去諮詢。如果學生能把靈性導師當作是連結自己與神之間那條鏈子上的一環，那麼導師就真能幫助這名學生。[68]

一位活著的導師在門徒的靈性生活中所扮演的角色是：

● 幫助你分辨自己心的聲音和所有其他聲音。

● 不管有怎樣的困難阻礙你，都能鼓勵你依循自己心的指引。

● 指出你現在擁有的選擇與機會有多廣大，這也許是你沒注意到的。

● 舉起鏡子，讓你能看到自己具有的神性與受到的限制，讓你能用前者壓制後者。

當你發現自己的純粹存在，就會有相當的意願不去認同受限的自我。這就像付出一塊石頭換回一顆珍珠一樣，你只須注意這樣的交易是在哪裡向你提出。

● 以身作則示範正確的「態度」，也就是你正在發展的特徵，這部分將會在你來到第九步驟時顯露出來。

一個學生透過對畢爾，這位活著的老師的熱愛，學習到愛的態度。學生帶著孩童般的謙遜，世界上的每個存在，在他看來都是反映著「畢爾」受到祝福的面容。[69]

第八步驟的臣服

這個步驟需要短暫的臣服（往下、往左），象徵個人自我概念的改變，緊接著會在心中展開長征。這段路途會來到靠近起點的地方，但是在右側，代表著心的臣服。思維現在相信自己是為了心而服務，心則會接受宇宙之心的指引。（見圖二）

第八步驟是個偶數的步驟，也是臣服的步驟，和第六步驟的臣服類似，但在第六步驟時，我們沒辦法解決觀點的問題，不過現在我們隨時都有辦法解決。所以，這步驟的挑戰就變成是要對宇宙有信心，相信宇宙最終會對自己有所回應。現在，挑戰是要整合充滿心中的宇宙指引，以及自我本身的想法與欲望。這不是透過溝通協調，而是經由臣服達成。你會明白，心的指引是你自己的欲望，即使不是你的思維所想像的欲望。

對神的正確態度，就是直接回應神。因為祂的聲音會持續回應你每一次的呼喚。心的耳朵應該打開，集中在聲音傳過來的源頭。如果做到這一點，便能找到內在的導師，然後就能擁有持續不斷的指引。我們會一直被指引到貼近神的聲音，接下來就不須其他指引了。但一開始必須要有靈性導師的指引，才能往神的聲音源頭走去。[70]

第八步驟會遭遇的巨大困難是，大部分情況下，你的人生必須徹底重新安排，才能和心的指引相應和。唯一的心開口說話，就代表你的生命到目前為止展現的優先順序，並不是為了要完成自己的目標而做準備。讓你能朝自己的任務邁進的最深層願望，其實是被否認或掩蓋，因為你花了非常多的時間在岔路上。沒有心明確地指引，周圍充滿刺激，感覺必須討好他人，自然就會走上岔路。這種發現自己走岔路的感覺從沒有這麼強烈過，我們需要一種私人、直接、無法否認的「對的」感覺，才能看出和自己平時的做法有什麼差別。到目前為止，「正確」是由他人來下定義，或是由一些過於理想、無法做到的概念斷定。現在心的指引無時無刻都在，不可能錯過，而且希望你的生命能夠與之同步。

重新校正自己的生命會發生在這個步驟，可能很激烈，也可能很緩和。激烈的狀態，可能會像死與重生。緩和的狀態，則是像過去的興趣或友誼被新的取代。現在你的心可以設定你的方向，之前你在尋找方向時所做的大部分事情，都會變得很無趣。對普通人來說像是活著的狀態，對祕士來說可能像死亡，而對祕士來說像是死亡

的狀態，對普通人來說可能像是活著。

你正在為第九步驟做準備。你會發現自己能夠進行深刻而強烈的心理變化，並在重建自己的心理狀態時採取主動。這種轉化是因為受到你正在浮現的人格牽動吸引，而不是因為厭惡你自己變成的樣子而產生的排斥。總而言之，這是一種愛的過程，和諧與美麗會不斷浮現。你可能會敏銳地感受到自己的人格缺乏和諧，但你對於美的愛會帶出更多的美麗。

指引與直覺

直覺是一種很普遍的經驗，是有意識的思維從無意識接收到的訊息。指引是由直覺產生，但並非所有的直覺都是指引。即使你的直覺很好，但不代表你真的已經來到實踐的第八步驟。要去分辨究竟是指引、其他的直覺、欲望還是幻想，在第八步驟當中還是相當困難，而如果是還在之前的步驟就更不可能。每個人都會直覺地接收到訊息，重點是：「誰在說話？誰在傾聽？」

誰在說話？觀察意外、巧合與共時性的發生頻率，其實非常有趣。這些事情無時無刻都在發生，其實是心的磁場在運作，而且你的心會很開心被注意到。不管有沒有發現、能不能理解，所有人都是一直在和自己所處的環境對話，即使岩石或樹木也有話想說。你住在聲音的海洋裡，樹林的風聲，潺潺的小溪，兒童的話語，收音機傳出的歌聲，晚上沉浸在夢境中的意象與言語中。其實，這些都是唯一存在在說話，指引的聖靈使用所有的頻道傳遞祂的訊息，交

疊在你自己的思想與欲望發出每一個聲音與迴響。

你的思想會在包覆著你的圓頂狀空間中迴響，透過其他人的聲音傳回到你的耳朵裡。你周圍的人會說出你曾經思考與感覺的事情。靈媒是很好的反響板，他們的話語是你自己有意識與無意識想法的回聲。事件會發生，是由於受到你心的欲望所吸引而來。很多人會被反映了自己內在困擾的徵兆所誤導，錯失通往回家方向的路標。

誰在傾聽？如果不是在第八步驟對合一狀態已經有了親身實踐，一個人還是會聽到聲音，觀察到生活中發生的事件，但不會覺知到其中傳遞的訊息。這樣的覺知須藉由內在經驗而來的實踐，直覺才會發揮真正的益處。第八步驟的祕士受到許多訊號與徵兆所指引，從茶葉渣和星象中，他們看到神手寫的訊息，從陌生人的聲音和朋友的話語裡，他們聽見神的聲音。訊息落在他們敞開的心上，然後用實踐之光來解讀，所以祕士接收到的意義可能和其他看到或聽見的人的詮釋非常不同。

蘇珊娜示範了正確解讀直覺，做為指引的方式：

有好幾個月我一直狂咳，一點都無法緩解。雖然去看了醫生，但也治不好。

我知道這個咳嗽其實不是身體的疾病，而是一個預兆，代表內在即將會有很大的改變。我的朋友覺得我對症狀解讀得不對，他們認為咳嗽的原因一定是在過去，而不是未來。

為了找尋治療師，我去參加某個工作坊，遇到我未來的導師。我立刻認出他來，然後馬上就狂咳起來，只好離開會議室。咳嗽彷

佛是在大喊：「他就是我一直在告訴妳的那個人！」我的朋友覺得這樣的咳嗽是個惡兆，但我知道這代表我在靈性追尋方面的一個目標。在我接受這位老師啟蒙之後，咳嗽就完全消失了。

以下是其他來自學生關於指引的故事：

對我來說，真正指引的關鍵是在這個過程會形成什麼。這並不是說，現實中推動力不存在。簡單來說，就是像抓住浪潮，跟上在這個存在的平面已經形成的狀態，也就是在這個時刻已經顯現的、正在形成的事物，並能夠說出究竟是朝著哪個方向。在很多方面，我發現指引的根源，是參與宇宙背後的智慧，也可以說是神的思維，如果我們把神聖的存在擬人化的話，然後實際依照這樣的指引說話或行動。在第八步驟我們是被動接受神聖存在的影響，就像新月一樣。一個人接收的指引和他是否全然將自己交託有關。現在有種說法很受歡迎：「相信我們的指引」。然而，根據我在這個階段的經驗，相信我的指引，這種說法其實不太精確。我必須不再是「我」，才能接受指引。

我所接收到的特別訊號，是聽到了內在的聲音，有些人稱之為「天體的音樂」（Music of Sphere），它變得很大聲而且持續下去，這聲音有時很令人討厭，它大到我只希望能夠把它調小聲一些。不過我知道這是因為有些事正在發生。有時候聲音就是會跑出來，像話語那樣，但我也搞不清楚這些話是從哪裡來的，就在此時，我「聽到了」強烈的嗡嗡作響，非常大聲。我知道我緊

追著浪潮，從不存在進入到存在的狀態，我應該要暫停自己的思維，注意聆聽。

∞

對我來說，指引突然變得清晰，是當我獲得一些靈感，並且完全被吸引、沉迷，野馬也無法阻止我的狀態。這時候，我知道指引是對的，日夜常駐在我的覺知中。當然，這通常會是我在進入下一步時需要的指引，而這樣的指引又會被另一個神聖的沉迷狀態取代，以此類推。但這就是我們前進的方式，指引透過我們來顯現。現在我在感覺到的時候，多少都能夠知道！（反過來說，當它結束的時候，我也會知道。）

∞

我可能與指引自己的聲音不太協調。有時候我感到我可能是在忽略這個聲音，因為我想做自己的事。這可以解釋為什麼有時我回過頭來看，會發現一些錯失的機會，而且為什麼有時我會問自己：「我怎麼會陷入這一個爛攤子？」這可能和不願意真正深入尋找我的人生目的有關。

在第八步驟中，你的冥想常常會變成與聖靈的對話，祂讓你在每次吸氣時都煥然一新，而且祂透過愛來支持你，引導你做出進一步的實踐。當這些對話繼續發展的時候，會變得越來越清晰，比較不是那麼隱喻或象徵，反而更加白話。如果忽略了指引，或是用其他事情去掩蓋，那麼指引的靈就必須採用其他形式來傳遞訊息，有時候不得不轉變成疾病或悲劇來獲得你的注意。訊息通常是在一開始

的時候會以最溫和的方式呈現。

如果在人生中需要指引，最好的方法就是進行私密的靈性僻靜，好讓你能夠持續幾天或幾週不被打斷的冥想。

第八步驟的反思

在冥想後，在筆記中寫下這個步驟的內容。可以從下面的問題開始：

有沒有哪些經驗，是直覺給你關於世界或自己的訊息，但是以非邏輯的方式呈現？

你有過怎樣的經驗，感覺是為你的發展而出現的指引？

你是否會和導師或具有洞見的朋友確認你接收到的指引內容？

註釋

64 哈茲若 · 音那雅 · 康，第十四卷《微笑的前額》（*The Smiling Forehead*），〈十字的象徵〉（The Symbol of the Cross）。

65 哈茲若 · 音那雅 · 康，第十卷《啟蒙與門徒的道路》（*The Path of Initiation and Discipleship*），第一章〈啟蒙的道路〉（The Path of Initiation）。

66 哈茲若 · 音那雅 · 康，第十卷《啟蒙與門徒的道路》，第一章〈啟蒙的道路〉，第八次啟蒙。

67 哈茲若 · 音那雅 · 康，第十四卷《微笑的前額》，〈靈性展現的過程〉（The Process of Spiritual Unfoldment），道路的階段（Stages of the Path）。

68 哈茲若 · 音那雅 · 康，基薩斯（Githas），《冥想》（*Meditation*），第八章〈與神溝通〉（Communing with God）。

69 哈茲若 · 音那雅 · 康，第五卷，《愛、人類與神聖》（*Human and Divine*），第六章〈神聖的愛〉（Divine Love）。

70 哈茲若‧音那雅‧康，第六卷，《幸福的煉金術》（*The Alchemy of Happiness*），〈生命的祕密〉（The Secret of Life），對朋友的態度（Attitude towards friends）。

第十八章

第九步驟：發光（Illumination）

光照亮了思維黑暗的洞穴

祢的愛在我心深處生根

祢的雙眼就是我的靈魂之光

祢的力量在我的行動背後運作

祢的平靜讓我的生活得以安歇

祢的意志顯現在我的每個衝動裡

祢的聲音可以從我說出的話語中聽見

祢的形象會顯現在我的面容

我的身體不過就是承載祢的靈魂的軀殼

我的生命就是祢的呼吸，我的愛

我的自我就是祢的存在

——哈茲若·音那雅·康 71

愛本身就能照亮心

心位於存在的中央

心若被照亮，整個存在就變成光

心若黑暗，整個存在就陷入黑暗

靈魂有自己的光，因為靈魂就是光

但靈魂無法用光照亮外在的存在

如果在之間的心陷入黑暗中

身體也因此無法將其經驗傳遞給靈魂

——哈茲若·音那雅·康 72

在第七步驟中我們發現內在的光、在第八步驟中則與這個光溝通，到了第九步驟我們將這光整合，融入自我概念裡。獲得光之後，你就會變成一盞燈，這盞燈會從你的心將光投射到世界上。這就是發光：揭開內在的神聖光芒。

一顆發光的心會像黑暗中的火炬一樣散發光芒，照亮你的道路，讓你能完成生命的目的，並讓世界與你的心的韻律協調一致。懷疑與恐懼的烏雲都因為內在的光而潰散，它化解困惑，帶來持續的希望。

發光也代表，我們的個體性已經完全成為唯一存在的一種獨特表達。這部分會透過以下的這些方面呈現：將自己奉獻給人生的目標，完成心的願望，盡自己的義務，覺知每個人心中的神性，原諒並欣賞生命中的每一個人，不要為了任何事情責怪任何人。

每個人都可以發光，發光是每顆心的渴望。但是很少人能在這一生中經驗到發光，因為發光需要導師的訓練。如果想當歌劇演員、馬拉松跑者、醫生或天文學家，當然要去上專門的課程，跟從那個領域合格的教師學習。但是對最終極的藝術形式與最具挑戰性的計畫，也就是人格與智慧的發展，我們卻希望是自己找到自己的路。能夠幫助他人找出自身的神性，承接到自己靈性的傳承的人，也就是那些可以透過自己的心讓自己的存在發光的人。

對於門徒來說，非常重要的第八步驟「指引」，是一個偶數的步驟，代表著左腳和接受，對於吸收內化教導來說是必要的步驟。第九步驟是主動的右腳，所以在這個步驟你會展開教學。

完善人格

在第九步驟，你完成了第一步驟時做出的靈性發展承諾。你踏上探索自我的道路，揭開過去掩蓋的一切。透過這九個步驟進行的工作，最終是要將人類的人格發展完善到圓滿的境界，這可能是人世間最偉大的藝術作品。這項藝術不但需要你了解自己在生命中發展的方式，也就是第五步驟，還要知道自己的潛能，也就是在第六步驟解析自己時看到的部分，以及在第七步驟感受到唯一現實（合一）所呈現的部分。

第九步驟的實踐，對於完善你的人格來說非常重要。你的人格就像一幅畫，而這樣的實踐就像藝術家的願景。在這個時間點，你對於整幅畫面產生了意象，也描繪出所有部分的輪廓：前景、背景、用色、情感都已經設定好了。但要將作品畫出來，還需要下很多工夫。畫面所有的部分都必須和諧地一起運作，主題必須呈現在每個細節中，也必須考慮畫面在觀眾眼中呈現的效果。在生命中這結果就是完整性，這個人的存在是完整的。

你現在已經是個存在的藝術家，不過還必須增進自己的技巧，付出許多努力。這樣你的人格才會成為一項美麗的藝術品，成為你送給其他人的禮物，以及奉獻給神的祭品。

完善人格藝術也被稱為「磨亮心鏡」。這是因為蘇菲祕士在古代會把心比喻成鏡子。在玻璃鏡面發明之前，最早的鏡子是磨亮的金屬。金屬的表面可以反射，但須不斷去磨亮，不然就會生鏽。只有沒生鏽的鏡子，才能夠讓人看到自己反射出的影像。這個比喻

也說明了發光之心的目標：其他所有的心都要能夠在這顆心中找到自己。實際上的意思是，其他人要能夠在你身上看到他們自己的理想。心像鏡子一樣的，這種特質也會反射神聖的光。第九步驟中出現在心裡的光，其實是一種反射的光。所有的心都會反射靈性的太陽光，而在第九步驟中，反射的心已經被磨亮如鏡。

到了這個步驟，就不再會有任何抱怨。所有的人都被原諒，也沒有遺留下任何怨恨。所有的傷口都接受了療癒，不會再影響你的行動。不會再因為任何事情去責怪任何人。你的人格變成了你的藝術作品，只要發現任何的不完美，你馬上會將它修復，並感謝能讓你更進步的機會。

你非常滿足，熱愛冥想與敬拜，並持續練習這兩件事情。你很感謝自己的靈性學校，只要提到學校或導師，就會熱淚盈眶。你很容易就可以與大自然溝通，感受到合一的狀態，不管眼睛是睜開或閉上。生命不再是掙扎，因為你依循著宇宙之心的指引與祝福而活。還沒有來到這個步驟的人，實在很難想像生命會無比和諧平靜，像是童話故事一般。當然，你仍然有抱負和挑戰，當你選擇追求它們時，還是會引起焦躁和壓力。但你也同時擁有不在乎這些和不可動搖的快樂。如果明天必須死，你也已經做好準備。不管什麼時候進行冥想，自己都是一個整體，而且可以隨心所欲，任何時候、任何頻率，都可以馬上進入冥想。你可以整天都處於冥想狀態，也可以在脫離之後，馬上又回到冥想之中。

在心的道路上，達成我們的欲望非常重要，因為欲望指向我們的目標。但你的欲望究竟是什麼？在之前的步驟中，我們會很快反

應出自己想要的事物，但多半並不正確。如果得到了想要的事物，也許就會希望還是不要比較好。如果沒有得到，也許會慶幸沒有得到。我們對自己想要什麼的看法，多半是一種來自過去的表達，而不是未來。現在，沒有任何欲望比想要完成你天生被賦予的任務更吸引人。當你認同了這個願望，就是同意讓神聖的意志在我們身上操作運行。

和之前其他的奇數步驟一樣，這是一個充滿力量與榮耀的步驟。現在你已經完成專注、觀想與冥想的一連串步驟。維拉雅·音那雅·康將這階段的特殊狀態稱為「懷著尊敬，被動地接受在你身上運作的神聖行動」。他認為這是結合了啟蒙與回應的一種「被動的行使意志」。

神的態度

第九次啟蒙稱為「亞克拉克·耶·阿拉」，意思是神的態度。已經進入這種實踐狀態的人，一舉一動都會帶著神的態度。他們的人生觀是神的人生觀，他們的行為、思想和話語，是神的行為、思想和話語。[73]

蘇菲祕士可以從世界上所有的存在身上看到神性，不論老少貧富，是否受過教育，他都隨時準備好從對方身上學習，也不會有所質疑。接著蘇菲祕士開始能夠看到眼前每一道存在發出的真理火光。因此蘇菲祕士覺知了神的願景，發現內在崇敬的神顯露在大自然中，生命對他們來說變成了內在與外在完美的顯現。[74]

你現在成了「知道自己知道」的人，不過你的態度不會顯現出來。蘇菲祕士對於一切都非常謙遜。不須去討好他人，也不須為了獲得利益而去貶低他人，因為神在蘇菲祕士身上顯現了自己的存在，世界無法再增添他的榮耀。

我們這個時代的訊息，就是人類的意識覺醒而發覺人類的神性。[75]

覺醒已經在你身上發生。在這個步驟，你存在的所有的部分都已經準備好。你不只看到內在的神性，也擁有可以穩定與之溝通的管道，並且有信心可以安心舒適地仰賴內在的現實。

你在這裡，可以非常自由自在地看見並活出自己生命真正的目的。雖然是各層面到此都已完成，但這也是全新存在方式的開始，你會持續進化。這是一種動態而非靜態的平衡。

第九步驟的範例

辛普森把她的故事寫得極美：

我覺得這個步驟是個滿足的步驟，開始可以從神性覺知的角度生活，不同於第七步驟，是「活在」神性覺知當中。不是我們對神或自己的生活感到滿意，而是神覺知到自己完全在我們身上展現，透過我們來運作，所以對祂自己本身以及所呈現出的完美感到滿意，並傳遞到我們身上。是的，我們繼續和自身的限制糾纏

對抗，甚至現在感覺會更激烈，因為我們深深了解到，這些限制讓我們無法表達出一直不停傳遞到我們身上的訊息。神的願望，就是我們能感受並完成我們的天命，也就是幸福。

就我個人來說，我覺得這個階段是在不斷進化。重點是不要把「完善」看做是一種靜態。神的存在，任何時候都是完整，但不斷在進化。我進入滿意或完成的狀態時，只會持續一會兒，然後會感受到另一個八度的完成與完美顯現，激勵我繼續前進。我的感受是這樣：當下現在的這個時候，對於完美的狀態有一種整體的認知或覺察，但當下不會持續到永遠，而且我們會受到另一種更「和諧」的滿足感所推動。如果我們不去抑制神在我們內在或身上或透過我們進行的運作，神的存在就會不斷經由我們而重新發現自己。每一次我為了融入唯一之心而摒住呼吸，接著，就必須被呼吸（be breathed）（編按：be breathed，是一種冥想的呼吸法，讓自己從主動變成被動的「被呼吸」），然後重新開始。每一次呼吸都是一個重新修正至完美的機會。所有的完成狀態頂多持續一個呼吸的瞬間，因為存在背後的智慧本質，就是不斷進化。

如同辛普森優美的文筆所述，處於自我實現、覺醒狀態的生命，就是不斷地開展，不會停下來休息。實行這樣的生活方式，可以得到許多回報：對於那些覺醒程度不高的人來說，感覺重要而強烈的事物，在進入第九步驟後，就比較不會那麼讓人煩躁。還沒來到靈性發展地圖上的這個地方的人會覺得困擾的事，對你來說則一點也無所謂。而其他人看起來可怕甚至恐怖的事情，也完全不會影響到

你。你不會害怕失望或失敗，發生這種狀況時，你的勇氣與希望不會受到影響。你會變得知足而高雅。

熱愛你的生活

靈性道路上必須具有的態度，就是對日常生活的熱愛。這並不是一定要遵守的嚴格規定或靈性指引，只有往外求的宗教會這麼要求。表面的規範屬於一般人對靈性工作了解的層面，但真正走在靈性道路上的人，實行的是這些規範的本質。

1. 第一條規範的原則，是永遠不要去傷害別人的感覺。
2. 第二條原則，是避免讓自己不時受到每個靈魂都會在生活中遇見的刺激與影響所干擾。
3. 第三條原則，是在各種不同會干擾心智平靜的情勢與狀態下，還能維持自身的平衡。
4. 第四條原則，是對所有值得被愛的人不斷地付出自己的愛，不值得被愛的人則要原諒他們。這是走在靈性道路上的人會持續進行的動作。
5. 第五條原則，是要在人群中保持疏離的態度。但所謂的疏離並不是隔絕。疏離的意思是超越那些束縛自己、不讓自己朝著靈性旅程目標前進的事物。

——哈茲若·音那雅·康[76]

第九步驟的反思

再次回來冥想，思考下列問題：

你會說自己不會因為任何事感到後悔、憤恨，或是去責怪任何人嗎？

在你的生活中，有沒有什麼樣的經驗是你一點都不覺得該感謝的？

註釋

71　哈茲若·音那雅·康，《話語》（*Sayings*），〈蓋揚〉（Gayan），〈拉格斯〉（Ragas）。

72　哈茲若·音那雅·康，第十四卷，《微笑的前額》（*The Smiling Forehead*），〈四條道路，奉獻〉（The Four Paths, Devotion）。

73　哈茲若·音那雅·康，第十卷，《啟蒙與門徒的道路》（*The Path of Initiation and Discipleship*），第一章〈啟蒙的道路〉。

74　哈茲若·音那雅·康。

75　哈茲若·音那雅·康。

76　哈茲若·音那雅·康，第一卷，《內在生活，執行內在生活》（*The Inner Life, Attaining the Inner Life*），第五章〈熱愛生活〉（Loving Life）。

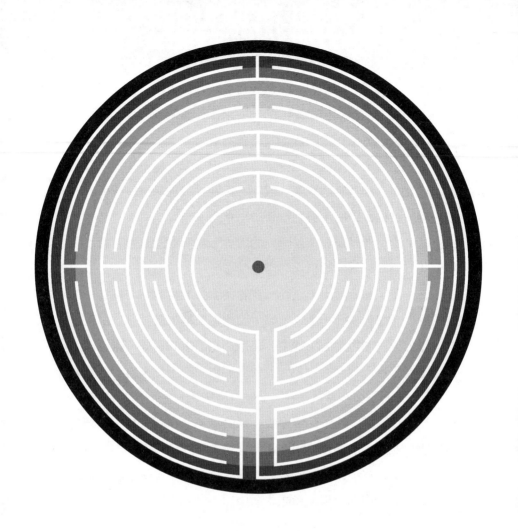

第十九章

親密關係的步驟

了解靈性發展地圖，就擁有了一項強而有力的工具，可以用來經營關係，了解關係的進退、困難與喜悅。為了更精準地使用這項工具，我們可以從一種稍微不同的角度來探討各個步驟，以便更清楚、更貼切地描述與親密關係相關的各個層面：

　　1. **承諾**：在這裡，你往一個特定方向跨出一步，但不知道結果會怎樣。你立定一種特別的意圖，展開一段關係或加深這段關係。在歷經挑戰或狀態改變時，必須重新做出承諾。

　　2. **測試**：測試階段是在測量關係的邊界。我們會測試對方願不願意在某些方面為了愛而讓自己的自由受限。

　　3. **和諧**：在了解發展出來之後，寬容與原諒就會萌芽，創造一種穩定的關係，溝通良好，深入理解，因此越來越和諧。

　　4. **理想化**：在理想化的步驟中，美是互相追求的目標。對於你能在他身上看到自己理想的對象，就會發展出愛戀。愛來自心，而非思維，所以你無法列出愛的理由。愛要全身投入，並且不奢求回報。

　　5. **專長**：在這個步驟，你會變成關係的專家。在對方身上看到自己的理想，並將心的力量運用在這個理想上，就可以引領出對方最好的自己。這是之前所有愛的步驟的累積：你的愛提供了讓被愛的人成長所需要的東西。你擔負起生命中另一半個人成長的責任，啟發對方，讓對方前進，而不是期待他們能達到你心中對他們的理想標準。

　　6. **拋棄所知**：到這個步驟，你會發現其實自己對另一半一無所知，他比你心中認為的更無法理解。現在你所能做的並不是「幫助」你的所愛，而是去滿足他們的需求，因為他們的內在智慧正以你無法

理解的方式指引著他們。愛不是歡愉或享樂，而是渴求、毅力、希望、耐心，還有願意犧牲與臣服。愛會教你說出：「是你，不是我。」

7. 合一：了解到自己對另一半的愛，就像是你對自己的一樣，而且唯一存在透過你去愛他人，也同樣透過他人來愛你。這時你便開始能夠像愛自己一樣去愛每個人。這條精簡後的黃金定律具有深奧的寓意：帶領你發現其實每一種人際之間的關係，都是在練習自己與神之間的關係。

驚覺對方擁有的神性，你們的關係變成了通往神聖所愛的靈性道路。精神上的圓滿成為這段關係的主要目的，雙方都全心投入，將這段關係發展成更高階的合一存在。在你能與其他人更加融合、更加親密的同時，也更能夠與神建立非二元對立的關係。

8. 指引：每個人都必須回饋才能進化，但是很少有人喜歡別人告訴他該怎麼做。在第八步驟的關係中，你會覺得另一半的聲音就像屬靈的指引，所以毫無抗拒地接受，覺得神透過你的所愛在引領並教導你。猶太教誨告訴我們，在結婚後，神會把夫妻各自的祈禱，當做是兩人共同的祈禱。在這個步驟當中，個人的存在和宇宙的存在之間的對話延伸為關係之間的對話。

9. 發光：和你的所愛在一起，比你自己一個人更能成為你自己。不須因為任何事情去責怪另一半或任何人。在你們之間沒有任何障礙，也沒有占有欲或獨斷獨行的問題。你們對生命目的感受非常強烈，所以你們的關係是為了更大的原因而存在，而這更大的原因也為你們的關係服務。

第二十章

事業的步驟

許多人在追求事業的同時，也產生更進一步的實踐。我們來看看在追求事業發展時，實踐的步驟會如何進行。

1. **承諾**：在展開新工作、新企畫時，就是再次從第一步驟開始。身為團隊的一份子，共同承擔努力與壓力。請小心，你無法得知自己究竟會發生什麼事。也許工作看起來簡單，但會有隱藏的陷阱；或者看起來非常困難，但提供了看不見的協助與好處。因尚未經過測試，這時候常會高估自己的能力。

2. **測試**：展現犧牲與通過挑戰。找出支持自己的人與輕蔑自己的人。請小心不可質疑的人，與沒有人提過的怪物。

3. **和諧**：適應工作之後，你變得很有能力、很可靠、非常協調，而且受人喜愛。這時候可能會感到無聊，因你覺得很舒適，但停止了成長。

4. **理想化**：在工作中發現自己個人理想的某個層面，所以覺得這是份完美的工作。你擁有達到自己目標的能力，對於特定組織做出重要的貢獻。自己對於卓越的追求，超過他人的期待。可以不理會傳統與競爭規則，但要小心是否無法妥協、不切實際，或是傲慢無禮。

5. **專業**：運用你的心，成為創新且具有超級生產力、無可取代的最優秀員工。讓自己負責的工作，變成無人可媲美的程度。依循自己的理想，達到比同事或公司內部要求更高的標準。在工作上，讓自己毫無保留地付出熱情。啟發並教導其他人，讓業界對你有所認知，但要小心不要狂妄自大。

6. **拋棄所知**：質疑並挑戰自己在工作上的所有主張，察覺自己的

所知所學是錯誤或不合時宜。要養成自知內省的好習慣，熟練基層事務；保持謙虛的態度，也許未來會從領導職位上退下來。思考一下：這個世界有沒有因為你的工作變得更好？小心不要憤世嫉俗。

7. 合一：你會驚訝地發現，會處於目前的職位，其實是有比自己想像更大的理由。你可以透過做出全面性的重大貢獻，間接提升公司以及自己的理想。總裁變成真正的領導人，科學家變成詩人。你的事功擴展超越了原本的領域，獲得奇蹟似的成功。你的新視野已經超越舊有的組織，必須從基礎重新整合建構。須小心的是：目前的狀況動能十足，所以必須經常檢視及刷新自己的視野與觀點。

8. **指引**：和宇宙溝通的能力，讓你注意到趨勢與潮流，以及能給予自我與周圍的人的個別指引。你現在成為先知，在各種層面付出，能夠看到別人看不到的機會。你面對風險時充滿信心，能夠迅速改變方向。須小心的是：現在你成為神祕人物，受到尊敬也讓人畏懼，是公司的祕密武器，但也充滿不確定性。

9. **發光**：表面上的工作、責任和狀態都變得不重要。現在只有一項工作：喚醒人類的意識，提升人類的神性。你無時無刻、隨時隨地都充分擁有進行這項工作的機會。

第二十一章

服事的第四階段

所有的神祕主義、哲學與冥想，我們學習與發展的一切，最終目標與總結，就是希望能夠成為一個更好的僕役為人類服務。自始至終，靈性道路上的每一件事都是訓練，目的是希望一個人能為人類做出更好貢獻。如果沒有抱持這樣的意圖，最後終會發現自己一事無成。

很多人想要創造奇蹟，或是擁有達成目標的強大能力。他們也許會嘗試去獲得力量或其他東西，但靈魂卻永遠無法滿足。靈魂真正的滿足，是誠實而謙遜地服務他人。如果我面前有兩個人，一個人擁有強大的力量，能夠化腐朽為神奇，另一個人謙遜、和善、溫柔，並願意為夥伴做他能力所及的任何事情，我會比較喜歡後者。

我會說，第一個人很厲害，但另一個才是聖人。

——哈茲若·音那雅·康[77]

靈性發展地圖描繪了導致人類心靈發展完善的九個步驟，終點是什麼？目的是什麼？而現在我們開始再多加九個步驟，讓自我投入服務他人，擴展影響的範圍。

當我們照著地圖前進時，會喚醒真正的自我，而這個自我最希望的就是能對人類做出更大貢獻，獻出自我與所有偉大的特質，謙遜、誠實地服務他人。能夠做到這個程度的人就是真正的祕士。

將生命投入於服務中

當然，只要是依心而活的人似乎都會希望將自己的技巧與能量用來幫助他人。各種目標與組織都會希望運用你的能力，但究竟要服務誰呢？

你會需要服務他人。

有可能是惡魔，也可能是上帝。

總之你會需要服務某個人。

——巴布・狄倫（Bob Dylan）[78]

軍隊裡是「服役」，牧師則是「服事」。可是你服務的對象是國家，還是只是軍隊？是教徒，還是只是教會？

當我們讚頌服務的理想時，我們相信每個人應該要依循自己服務的理想。我們的目標是重新為你天生註定、並意圖完成的使命再次做出承諾。這個使命，也就是生命的目標，絕對非常獨特。要小心那些宣稱知道你的使命是什麼的人。盟友當然是助力，但你不可能在全心投入他人目標的狀態下，完成自己獨特的使命。

如果你認同生命的目標並不是快樂，而是成長與探索，那麼你就能接受有人的人生以悲劇告終，有人則是得勝；有人最後是臣服，有人則是榮耀。這些都是生命進展的步驟，而你的生命可能在這個過程中結束在任何一個時刻。你的人生會結束在左腳還是右腳？甘地在掌握最多權力之時遭到暗殺，他的事蹟持續鼓舞著世界各地的人。梵谷抑鬱而終，但他的畫作將喜悅帶給全世界。

我們鼓勵大家完全擁抱生命的每一個階段，可以預期的是，生命

的行進會是一連串的擴展與收縮，就像呼吸一樣。在歷經一段收縮或臣服的最後，不會記得擴展與榮耀的時候。而在歷經一段擴展的最後，也不會記得收縮時失去與悲傷的滋味。一切都會過去，總而言之，我們永遠不會與宇宙存在分離。

我們不應該嘗試保護自己不受深刻的絕望影響，覺得我們和自己之外的任何事物都沒有關係。有些人有著非常堅定不移的信仰，藉此隔絕自己的悲傷，但我們希望能夠經驗徹底的悲痛、絕望與沮喪等人們使用信仰完全規避的感覺。讓自我落入深淵之中，讓悲傷燃燒化為榮耀。

我們這個時代的靈性工作不是自由與解放，而是責任。在第二輪的九個步驟中，祕士會變得積極進取，具有完備的能力幫助其他人了解自己的潛力，參與有意義的工作，解決世界上刻不容緩的問題。服務他人可以有很多不同的方式，友善的微笑、手勢或言語，甚至是想法，都會帶來有益的影響。但擁有的洞見越深越廣，就越能看出其實我們很難去幫助別人。

我們需要洞見、手腕和耐心才能引導人解決自身製造的問題。最常見的狀況是，對方想要的東西並不能真正幫助到他們自己。如同愛因斯坦所說：「你不能用製造出問題的思維去解決問題。」一般人會要來更大的槌子去破壞那道擋住他們前往他們選擇的方向的牆，而不是要求一張標示出牆的位置分布圖，或是一把梯子、鏟子之類。

願意做出承諾，用生命服務他人的人，當然想要盡可能發揮效率。許多時候，有些人會出於好意，用自己的想法去幫助另一個或

另一群人，但這些想要助人的人是否擁有足夠的洞見，看到生命舞台上真正發生的事情？也許他們認為的幫忙，實際上是阻礙或干涉。我們可以想像，有人出於善意，看到戲中演員遭受苦難，於是衝上去，擾亂了舞台。編劇或導演，甚至是受到「幫助」的演員，會因此感激嗎？這齣戲可能因此毀了。這樣的事情在個人層次就可以看得很清楚：許多人擁有專注、投入與勇氣的強大力量，但無法施展出來，因為他們看不清楚該怎麼採取行動，或是該往哪個方向走。如果沒有洞見與視野，力量就會因此癱瘓，但只要對運用力量的方式有信心，就能如虎添翼。這種信心會透過指引向祕士顯現，也就是在心中出現的直覺聲音。

不曾有過合一經驗的人很難想像，擁有合一經驗的人之間存在怎樣的協調性。就定義來說，只要有過合一經驗的人，都體驗過同樣的事情（不過這樣的經驗會依照每個人的宗教或文化有著不同的詮釋）。祕士之間存在的協調性是如此強烈，只要是體驗過的人都不會想要獨自工作。當彼此協調一起工作，就像是形成一個很協調的身體，擁有驚人的力量，而這就是「代理人」（representative），也就是進入第二輪九個步驟的人，運作的方式。一個人能夠運用的力量越大，就要更加謹慎去使用。

當一個人完成第九步驟後，就會變成一個真正有能力的人。這樣的人工作很有效率，不是想要獲得稱讚、避免責備，或捲土重來。沒有需要，也沒有指責，只有「現在我可以做什麼？」大部分想要服務的人會找到很多不同的機會，因為每個地方都會出現需要你幫助的理由。達到第九步驟後，就會找到服務的方法，展開符合本身

利益與技巧的計畫。有些人感覺想要與他人一起協調合作，他們就是會進入第十步驟的人。

第十步驟：委託人

> 在第九步驟的啟蒙之後，如果一個人希望繼續幫助人類，就會得到授權與進一步的啟蒙，成為畢爾（大師中的長者）的委託人，進行協助。
>
> ——哈茲若‧音那雅‧康 [79]

很少人能在這輩子達到第十次啟蒙，因為在第一輪的九次啟蒙之後，一個人才會開始所謂的「自我實現」階段。在經歷了所有其他意識階段後，來到這個階段的人，能說的實在很少，因為這已經超越了宗教的階段，甚至超越了神的概念，這是自我表達的階段。而自我表達的階段，只有在一個人完全把自我挖掘出來之後才能抵達，自我完全消失，只留下神性本質，這時候他們才能自由地表達出真我。

因此，第十次啟蒙是喚醒真實的自我，這樣的覺醒是由冥想所喚起，冥想讓人忘卻虛假或受限的自我。忘得越乾淨，真實的自我就覺醒得越多。

> ——哈茲若‧音那雅‧康 [80]

在經歷過前三個階段九個步驟後，自我完全擴展開來，成為神性

的容器。與神之間的二元對立，是到第六步驟為止。第七步驟開始了自我融入神的合一狀態，這會持續發展到第九步驟。然後，近乎神奇地，自我重新出現。為了要負起責任，完成靈魂被賦予的任務，也就是生命的目的，你需要自我，你需要能夠說：「我願意。」也正因為如此，自我需要的是被軟化，而不是消滅。

來到第十步驟我們發現，服務他人最好的方式，是與那些具有星球般廣闊視野的人協同工作。因此第十步驟的臣服，是自願把自己的計畫與優先順序放在一旁，以便幫助他所尊崇的靈性導師進行他的工作。這是另一種形式的犧牲自己，為了擴大具有更大責任，權力和遠見的人的工作。

這個概念可能會冒犯你對於自由民主的認知。自由與民主是個人崇高的理想，但是願意投入服務工作的人不會考慮個人的自由，對他們來說，愛是依附，不是自由，而責任是約束。民主與規則的共識是在原則上假定所有人都擁有同等的能力。然而，在服務的前提下，必須選賢與能，按照能力自然排序。在任何有效率的組織中，一直都是選賢與能，不管是透過官方頭銜或工作職務的介界定，或只是人們賦予自己更相信的人更多權力。

想像一下自己志願協助賑災工作。一定有人在心中看到整件工作的全貌，因此能夠有效分配資源、指派志工。這樣的領導位置不是根據年紀、教育程度或任何偏好來建立。能夠展現出較強領導能力的人，就會馬上被放到最能發揮這項能力的位置上。自我掌控力佳、能夠激勵他人信心的人，也會迅速崛起，不管他們之前是否真的有過同樣經驗。護理師不會嘗試去做醫生的工作，除非是在沒

有醫生的情況下,護理師才有可能立刻遞補上來。層級是流動的動態,我們可能會擔任某個職位,然後又卸下來。

接受自己無法掌控的較高職位,是危險的事,因為每升一級就必須多承擔一些責任,因此,服事者不會貪圖頭銜。很多時候,我們會因為嘗試自己還沒準備好要投身的工作而受到傷害。但進展是一個自然過程,願意服務的人就會被放到能夠完全發揮能力的位置。

委託人指的是代表或反射出指引著自己的活著的靈性導師。在這個步驟你明白,照亮你的光是來自靈性導師的心,反映到你的心上,然後再從你的心發散出去。

第十一步驟:大師

第十一步驟會讓人感受到光輝。就像小孩出生後,看到的一切都充滿新奇:原有的世界對於小孩來說是個嶄新的世界。在冥想的幫助下,觀點改變的那個瞬間,我們就會發現呈現在每個人眼前原有的那個世界,現在變得非常不同。

我們開始看到理由背後的理由,原因背後的原因,同時觀點也因宗教而改變。改變的原因,是一般人因為某人某個動作而想指控、懲罰或譴責對方,但來到這個階段的人不會評斷或責怪。他/她只是觀看這一切,看到原因背後的原因。那麼要指控誰?譴責誰呢?

不管是怎樣的錯誤,在看到錯誤背後的一切、在看到其背後的原因,他/她會發現,也許這個理由比犯錯的人自己看到的還要正

當，他／她怎麼能夠不原諒。

因此，像是不斷犧牲奉獻、自然流露的愛與同情，以及不論對方是聰明愚笨、值不值得，你都一樣尊重的態度便會油然而生，展現出生命的神性。在這個階段，人類的靈魂碰觸到完美，變得神聖，並且圓滿了生命的真正目的。

——哈茲若·音那雅·康 [81]

你在這個階段感受到的光輝是來自你內心的光，反映自你的靈性導師，而且你現在知道要怎麼將光引導到你希望的地方。用你的心之光照耀其他人事物，是一項非常強大的能力，能夠立刻讓你所照耀到的事物有所反應。

第十二步驟：大師中的長老

一個人願意親自承擔責任、帶領一群人在靈性道路上進化，就是這個靈性團體中的「畢爾」（Pir），意思是「長者」。他／她會將源頭之光反映到自己的委託人與學生的心中。

每一名認真、誠心的學生必須認同一位活著的老師，這位老師承擔責任，引導他們走在通往「發光」的靈性發展的路上，一路保護他們的安全：這個人就是他的「畢爾」。「畢爾」可以指定一位委託人或資深代理人來進行學生的特定訓練，但是「畢爾」必須為訓練的結果負責。

「畢爾」是靈性發展道路上可以被宣稱的最後一步驟；當然之後

還有其他步驟，但因為容易產生爭議，所以就不再另外定義那些名稱。大師會希望和受到自己吸引的人一起安靜地工作。除此之外，那些需要知道，以及具有內在經驗所以會知道的人，自然就會認出彼此，而且能夠欣賞能力更強、擔負更大責任的人。

　　更多細節都在哈茲若・音那雅・康的教導，以及為進階學生舉辦的僻靜課程中。

註釋

77　哈茲若・音那雅・康，第六卷，《幸福的煉金術》（*The Alchemy of Happiness*），〈生命祕密〉（The Secret of Life），對朋友的態度（Attitude Towards Friends）。

78　巴布・狄倫（Bob Dylan），「必須服事某人」（Gotta Serve Somebody），選自專輯唱片《慢車來了》（*Slow Train Coming*）。

79　哈茲若・音那雅・康，《社會葛堤卡斯》（*Social Gathekas*），第五章〈不同學派的蘇菲教派〉（Different Schools of Sufism），蘇菲戒律（The Sufi Order）。

80　哈茲若・音那雅・康，第十卷，《啟蒙與門徒的道路》（*The Path of Initiation and Discipleship*），第一章，〈啟蒙的道路〉（The Path of Initiation）。

81　哈茲若・音那雅・康，第十卷，《啟蒙與門徒的道路》，第一章，〈啟蒙的道路〉。

第二十二章

發展的內在徵兆

道路上的每一個步驟，都有內在徵兆，只要注意到這些徵兆，你就能分辨出相對應的實踐步驟。也許進入這些步驟的時候你沒有注意到，但應該很容易在已經實踐過的步驟中發現內在徵兆。

第一步驟，承諾：輕鬆愉快

在對人、情況或工作做出承諾之前，你會先評估優、缺點，在心中衡量：「這是正確的嗎？值得我付出承諾嗎？」在你做出承諾的同時，其實就得到了勝利。你往未知踏出了一步，這樣的勝利伴隨著感覺輕鬆、愉快、舒暢的內在徵兆。

在你讓思維平靜下來、做出承諾之前，必須先安定身體與神經系統，一個明顯的徵兆是我們稱為「單一體感」（Monolithic Sensation）。當你完全靜止地坐上十分鐘左右，肉體的壓力感知器就會關閉，不再送訊號到大腦。透過壓力的感受，我們才能認知自己是坐著、站著或躺著，手是放在腿上還是椅子上，背是挺直的、還是駝著等等。因為你一直沒動，姿勢也沒改變，因此所有的壓力感知器會傳送同樣的訊號好幾分鐘。而為了節省大腦運作的能量，就會停止傳送這些訊號。這情況就像噪音持續太久之後我們就會聽不到，或是一幅畫掛在牆上很多年我們就會視而不見。

當壓力感知器關閉，你會感覺自己的身體像是一整塊無法分割的東西。並不是麻木，你想要的話還是可以動，但你就是不想動，感覺自己像是一座山。坐著完全不動，時間久到讓壓力感知器關閉，就會來到承諾、專注與自我掌控的里程碑。

第二步驟，測試：心跳訊號

對於專注力，有一項較困難的測試，是在分心的狀態下保持集中。要達到「單一體感」，只要坐著不動，顯示出對於這個練習強烈的意圖與承諾。但分心的狀態會測試你的專注力。

心跳分分秒秒都在胸腔中跳動，但通常我們不會注意，因為還有太多其他感知要接收：視覺和聽覺，還有內在感知，像是痛苦、不適與呼吸。要感覺心跳，就必須將這種感知與其他感知分隔開來，在其他感知爭奪注意力的狀態下覺察。我們可以透過感知身體各個部位的脈搏來練習，集中注意力在某個部位，應該就可以感覺到脈搏，然後在胸腔尋找同樣的韻律。

第三步驟，和諧：穩定的呼吸韻律

自我掌控的展現，就是看能不能透過內在時鐘，也就是你的心跳來計時，維持呼吸的韻律。你必須協調主動的肌肉控制與精確被動的心跳，以產生有韻律的呼吸模式。呼吸韻律穩定之後，你會感覺到身心靈整合，非常愉悅，既放鬆又清醒。

我們會選擇鑽石呼吸做為呼吸的韻律，因為這種呼吸方式能夠確保呼吸夠深入、夠完全。在我們之前的著作中說明了，呼吸的韻律是吸氣六次心跳，摒氣十二次心跳，以及呼氣六次心跳。[82] 但如果你有心律不整的問題，就不要摒氣。只要能夠一次連續做十個鑽石呼吸，就代表你具有自我掌控能力，也顯示出你有足夠信心，因為

如果練習時心生恐懼，就會更頻繁地呼吸，反而打斷韻律。

第四步驟，理想化：心中的壓力

在以上的三個步驟，會接收到第一階段的所有訊號，而且不需要情緒介入。目前為止，這些訊號都代表思維力量。在第四步驟，就必須運用情緒的力量。

第四步驟的訊號，是胸腔中持續的壓力，感覺起來像是心不斷擴展，往外壓迫到肋骨。事實上是心的磁場在擴展，因為我們沒有獨立的磁力感知器，所以感覺像是壓力。

壓力訊號就是不斷在提醒你，心正在擴展，你可以感覺自己處於一個很大的能量場中。這就是所謂「我在自己的心裡」，也就是第二階段的主題，觀想的經驗。這不是思維的概念，而是深層的情緒經驗，深深的感激。

在你心中，壓力的感覺是持續存在，不像心跳是間斷搏動，也不會像心跳一樣消失或隱藏。你可以感受一下胸腔各處的壓力，你有把握自己說出的每句話以及每個行動都傳達出心中的理想。現在不需要自我內在的審查和評斷了，因為你就在自己的心中，你的心會掌控一切。

第五步驟，專長：心中的力量

靈性道路上更進一步的內在經驗，是感覺自己認同了他人。身分

認同的轉移是觀想的要素，而觀想必須由心來進行，唯有透過愛才能接觸到別人的心。達到觀想階段的內在徵兆，是感覺到自己成為你所觀想的對象，而且沒有違和感。如果對方讓你覺得陌生，那麼你還沒進入他們的心，因為沒有人會對自己產生異樣感。

對他人進行觀想，是為了深刻經驗到成為「平靜之存在」、「喜悅之存在」而練習。唯一存在有許多不同面貌，每一個面貌都表達一種不同的特質與情緒。第五步驟最後的徵兆，舉例來說，是先呼喚「真理之存在」，然後感覺自己變成了「真理」的存在。這個動作稱為召喚，運用你的心去吸引自己選擇的特質、情緒與能量，提升擴展自我。[83] 透過召喚邀請偉大的存在進駐自己的心中，透過自己表達出來，藉此揭開自己本質的某個面向。

第六步驟，拋棄所知：顛倒的空間

發現「顛倒的空間」，是第六步驟主要的經驗。蘇菲祕士認為，在潛入自我深處時，會穿過一個顯現出內在宇宙的顛倒空間。意思是說，深入感覺自我，就會發現超個人的宇宙情緒。「顛倒空間」是一種抽象的說法，不過具有實體的類比位置，就是在太陽神經叢，也就是蘇菲祕士所說的「心的深度」。心的空間比身體的空間來得大。這就像是穿過心的鏡子一樣。你在心中發現的情緒要比個人的情緒來得大，因為這是宇宙的情緒。

第六步驟的徵兆，是明確地感覺到太陽神經叢有一個深深的凹洞。你可能來到第六步驟甚至超越第六步驟，卻沒有注意到這件

事。但如果在第六步驟時將注意力集中在太陽神經叢，就會發現厚實而強烈的深刻情緒，無法用任何形容詞來描述；這是所有情緒同時湧現，既悲傷又開心，既是無法撫平的痛苦也是無與倫比的喜悅。

導師在對你進行觀想的時候，會注意到「顛倒空間」這個徵兆，然後確認你到達了第六步驟。

第七步驟，合一：臉部散發光芒

第七步驟中出現的無限之光，會在你的臉上留下印記。這就像在陽光下曝曬一小時，陽光改變你的膚色，在你臉部留下印記。即使只是想像在自己面前有一道非常明亮的光，都可以感覺到強光釋放出些微的壓力照在你的臉上。當冥想成為光的體驗後，規律地反覆進行，你的心、思維，甚至身體都會因此轉化。

你的導師或是任何超越第七步驟的人，都可以從你臉上感覺到光。對你進行觀想的時候，會感覺到光照在他們自己的臉上，並且從他們的臉上散發出光來。

第八步驟，指引：天體的音樂

第八步驟是和宇宙進行個人對話的經驗。內在徵兆是感受到「天體的音樂」，也就是「沉默的聲音」。當意識無限擴展的時候，感官也會因此擴展，於是聲音、光線、味道、氣味、觸感這些感覺都

變得不僅僅是身體的刺激。聽覺擴展的經驗，是耳朵裡面的嗡嗡聲。如果造成這種聲音的是身體上的疾病，那就是耳鳴，但如果這種聲音可以隨意開關，那就是宇宙意識的徵兆，祕士稱之為「乘著迦樓羅（Garuda）飛行」（印度），或「騎著布拉克神獸（Buraq）」（伊斯蘭）。[84] 巴哈說他從這種內在的聲音中聽到了交響曲。

哈茲若・音那雅・康告訴我們，這種內在聲響是來自心和大腦之間的震動。[85]

這個隱喻深具意義，因為理性自我與直覺自我之間的對話，是在第八步驟發生。

第一個徵兆是在冥想中有時會聽見內在聲響的能力。第二個徵兆是不需要冥想就能隨意聽見內在聲響。第三個徵兆則是能夠隨心所欲的讓內在聲響持續下去。

和你一起冥想的人，會感受到更大的內在聲響。巴哈發現，內在聲響的變化很複雜。一開始像是白噪音（white noise），所有的聲音都結合在一起，但仔細傾聽的話，意識會調節這個聲音，讓聲音傳遞出一種印象或甚至一個訊息到你的思維。這對於直覺是很好的刺激。

第九步驟，發光：平靜的氛圍

大多數人都不太清楚，平靜其實不是一種被動狀態，而是一股強大、閃耀的力量。在平靜的狀態下，你的內在跟隨著從心發出的能量流，隨著吐氣，傳達到你影響範圍內的每一個人每一個物體，帶

著大家一起進入同樣的平靜狀態。

任何人只要曾經有過這樣的經驗，就能馬上覺察到這種效果。這就是所謂的「氛圍」，也驗證了你的實踐程度。氛圍是你擁有的一種無法仿造的特質，直接從你的內在狀態中創造出來。

冥想

只要你自己曾經感受過以上描述的徵兆，就知道這些是客觀且可在他人身上驗證的徵兆。徵兆代表著靈性練習結果的指引，每一個實踐的步驟都有不同的練習。

1. 在第一階段，思維的階段，也就是前三個步驟，我們會練習各種專注力。一般所謂的冥想，其實就是教導你如何專注：覺察、正念、見證或觀察的練習，都是專注，你會覺察某些東西，或是自己的某個部分，像是你的思想或情緒。

2. 在第二階段，心的階段，第四到第六步驟，我們從另一個觀點，也就是觀想的角度來感受世界，你會變成自己專注的對象。你可能變成太陽，從天空散發光芒，俯瞰大地的每個角落；你也可能變成花，感受到他人對自身美麗的讚美；你可能變成另一個人，把他們的心與思維當成自己的心與思維。觀想的要素就是轉移身分，從別的人事物的角度來發現自己。

3. 在第三階段，也就是靈的階段，觀察者已不存在。我們稱這個階段為冥想。雖然我們一般使用冥想來指稱我們的日常練習；實際上，冥想正式的定義指的是進入合一的狀態。

我們的學校，應用冥想學院（the Institute for Applied Meditation, IAM）會教導專注、觀想與冥想的所有步驟，內容分散在二十四種課程中；或是可以參考心之大學（the University of the Heart）所提供的完整學程。

註釋

82　《心律轉化法》第 218-225 頁與《你的心就是宇宙》（*Energize Your Heart*）第 277-281 頁有詳細說明（皆由貝爾夫婦著，中文版由心靈工坊出版）。

83　召喚是六種基本力量之一，參見《你的心就是宇宙》第 138 頁。

84　以抽象敘述這種神奇經驗本質的迦樓羅故事，參見史密斯（Smith, 2009）《摩訶婆羅多》（*Mahabharata*）。

85　哈茲若·音那雅·康，《桑吉薩 I》（*Sangitha I*），《里亞札》（*Riyazat*），心與大腦。

第二十三章

進展的證據

以下的引用都來自哈茲若‧音那雅‧康，並穿插我們的附加說明，以補充關於靈性發展地圖九個步驟的重點。這些發展的徵兆會在進入實踐的狀態之後才出現，因為需要時間來整合實踐的狀態，以便自然地從態度與行為中表達出來。

啟發

> 進展的過程充滿了數不清的外在徵兆。
>
> 進展的徵兆有哪些？
>
> 首先是感覺受到啟發，昨天還無法了解的事物，今天一下子就懂了。

啟發是**第四步驟**的結果，也就是心的敞開。思維從沒如此明亮，因為心照亮了思維。

力量

> 進展的下一個徵兆，是感覺充滿力量。就某個程度來說，身體和思維都會顯現出力量，之後則會影響到生活的各個層面。靈性的追求永無止境， 力量也是永無止境。

會感受到力量，是因為你的心發生了作用，這發生在**第五步驟**。心的力量大到無可計量，是思維的力量無法比擬的。心管理身體，

除了循環之外，也提供了協調的韻律。就能量層面來說，心的磁場是大腦磁場的一百多倍，這樣的磁力創造了人格、魅力與影響的吸引力。

幸福

發展的第三個徵兆，是開始感覺到喜悅與幸福。但雖然感覺到幸福，沮喪與絕望的烏雲還是可能從外飄來，所以這當下會讓人覺得從靈性獲得的所有幸福與喜悅都有可能被奪走。但事實並非如此。如果靈性的喜悅會被奪走，那就不是真正靈性的喜悅。這不像物質的撫慰；物質遭到剝奪時我們感到失落，但靈性的喜悅屬於我們，是我們的特質，死亡或腐朽都無法將之抹滅。太陽周圍飄移的雲朵，可能會遮住我們的喜悅，但雲層散開之後，我們發現自己的特質還是存於心中。這是我們可以倚靠的屬性，沒有人可以奪走。

我們在**第七步驟**描述過這種沒有理由的喜悅。這是一種絕對的喜悅，因為是來自內在的經驗，而不是源自外在的原因。這種喜悅屬於我們，因為這是發現了自己靈魂的光芒因此才擁有的喜悅。

無懼

還有另一個進展的徵兆，就是變得無懼。不管生活出現什麼狀

況，都不再感到害怕，即使是死亡。然後，對於所有看起來可怕的事物，無所畏懼，並發展出勇敢的精神，賦予我們耐心與力量，能夠與所有的困境對抗，不管看起來有多麼恐怖。甚至可以發展到能夠對抗死亡的程度。對這樣的人來說，任何恐怖的事情都不足以讓他感到無助。

無懼不只需要力量與喜悅，還需要內在的信心，讓你在任何時刻都能做出正確的決定。在**第八步驟**的實踐中，你會持續接受指引，每一步都能走在正確的位置。與心同調之後，你會聽到一個聲音提醒並保護自己，循序漸進，堅定的保證讓你無懼且充滿信心，知道自己能夠迎來準備好的機會，而不是無法承受的挑戰。

平靜

還有一個發展的徵兆，就是有時候我們開始感到平靜。當平靜增加到一定的程度，心中就會產生寧定的感覺。自己一個人的時候當然如此，但即使在人群中仍舊可以感到寧定。一旦靈魂發展出平靜，就會擁有強大的力量，並且能夠對周圍的人產生強烈影響，改變四面八方湧來的雜亂與紛擾。就像水可以讓塵埃沉澱下來，所有的紛擾與影響也都會在平靜的腳下安定。

有些人可能會找藉口說周遭環境嘈雜、朋友麻煩多多、敵手十分可惡，但是這些在覺醒的心所帶來的平靜面前都不算什麼。一切都會平靜、安定下來，就像揚起的塵埃灑上水珠後便會落下。

　　第九步驟的發光會帶來完整與極度圓滿的感受。內在和諧與平衡的程度如此之大，連獅子都像是會匍匐在你的腳邊。

註釋

86　哈茲若・音那雅・康，第十卷，《啟蒙與門徒的道路》，第九章，〈門徒的態度〉。

第二十四章

心的文化

這個世界存在著各種名字與形式，但背後只有一種生命，一種靈。靈是嚮往合一的所有存在的靈魂，靈的缺席讓這個世界不能完滿開心。如果你剛剛跟兄弟姊妹鬧得不愉快，食物就會變得不好吃，晚上也睡不著，心裡很不安定，靈魂烏雲籠罩。這代表了我們其實不是靠食物生存，我們的靈魂是仰賴愛而存活，我們接受和付出愛。缺乏了愛，我們就會變得不幸福，愛是我們唯一的需求。世界上沒有任何事物會比意識到手足之情，將這種愛的感覺分享給孩子、老師、鄰居與朋友，擁有更強大的療癒力量、更完善的治療模式、更圓滿的開心幸福。

—哈茲若・音那雅・康[87]

在我們各自發展自己的心的同時，也對整體社會帶來集體影響力。大家在自己心中感受到合一之心，因此促進了人類的發展。在整體人類之心的各處發生的突破，會成為啟發回饋到每一個個人的心中。只要我們依心而活，就能改變家中與團體的氛圍，並對建構世界上心的文化做出貢獻。

心的文化是從思維的文化轉變而來，而且正在演化中；我們由此看到對於他人不同之處更加地包容接納，對於他人的需求更加地設想關懷，強調追求幸福，並認知到不管是在教育、商業或政治方面，情緒的智慧勝過思維的機巧。除了這些進展之外，也有許多相反的例子，但這是過渡時期可以預期的現象。勢必有越來越多人追求心的方法，因為可以提升健康、創意、生產力與適應力。簡而言之，心的方法可以運作得更順暢，也讓人感覺更好。

心能夠整合自我所有的部分,所以可以透過情緒與精神的健康帶來身體的健康。強壯的心歡迎改變與壓力。心具有包容力,社會因此能從所有心的貢獻者當中獲益。心也擁抱多元與歧異,認為這是一種對隱藏潛力的探索。此外,指引的靈會透過我們的心說話,引領人類邁向進化。

心的文化會如何發展?發展心的文化的練習可以分成四個步驟。現在已經有數百萬人在練習這些步驟,我們練習時越是帶著意識,文化轉變就會越快發生。

1. 在吸氣與呼氣時,想著心臟。

2. 想著現在就在身邊的人。

覺察並認知每個人獨特的偉大之處。

接受在他們眼中看到你的偉大之處。

尊重每個人心中的感性。想著每個人,以細膩、同理的態度跟他們說話。

3. 想著那些現在不在眼前的人,他們有什麼感覺、需求與偉大之處:

你的家人與朋友,

你認識的其他人,以及

透過連結與媒介認識的人。

4. 最後,覺察自己對他人的感覺,其實就是人類之心對它本身的情緒。

心中每一次升起的愛的搏動,就是人類之心愛的行動。

愛正引領你邁向人生的目標。

現今地球上大概有將近七十億人口，透過全球網路，大家對彼此所產生的影響，要比以前大得多。舉例來說，前幾年英國一個選秀節目上，一位默默無名的大嬸，開口一唱就震驚了全世界，所有人都為她歡呼。而在我們的家鄉，美國亞歷桑納州一名自由派的政治人物遭到罹患精神疾病的嫌犯槍殺，全球為之哀傷。馬雅曆一個天文循環是兩萬六千年，世界從石器時代發展到全球化時代。人類的創新與創造力無窮無際，我們正站在通往新循環的轉折點，擁有建構一個共通理想的潛力。

只有心的訊息可以戰勝那緊掐著現今社會的恐懼與悲觀主義，這是由於我們毫不珍惜所有生命之間的連結與美麗的結果。人類將會克服現今思維文化中生態、政治、經濟與宗教的緊張狀況，透過集體進入下一步的第二階段，也就是心的文化階段，甚至進入第三階段，全人類親愛如同一家人的階段，在下一個兩萬六千年的循環中繁榮昌盛。

心的訊息會引導人類，而且需要透過心才能讓每個人類接收到。不是交由單獨一位先知，必須分別由各個團體中的某位成員傳佈給團體中的其他人。完成發光的步驟，讓全世界發光的靈魂一起合作，才能幫助人類找到他們心中的理想，並實踐對於這個理想，也就是愛、和諧與美的承諾。

我們需要很多心的代理人，好將心的訊息傳達給其他的心。只要是來到第四步驟或更進階的實踐的人，都可以幫忙這點。一個實踐了心的人，真的可以對成千上萬的人產生影響，而一個實踐了合一狀態的人，則可以對全人類產生影響。

註釋

87　哈茲若‧音那雅‧康，第十卷，《白天的問題》（*The Problem of the Day*），第七章，〈手足之情〉（I）。

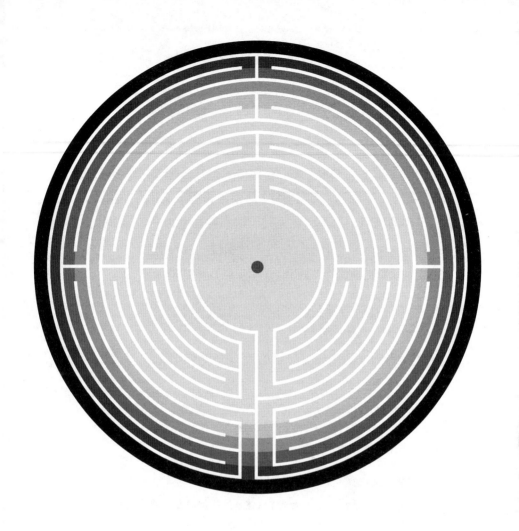

附錄

附錄一
「十牛圖」的寓言

　　「十牛圖」是十二世紀中國的禪師廓庵所作，描述了佛教傳統中道路的步驟。之後因為《禪肉禪骨》這本書將禪宗文化介紹給西方，並引用了牛的寓言，於是廣為人知。這本書其中的一名編輯與譯者雷普斯（Paul Reps），正是哈茲若・音那雅・康的學生。[88]

　　「十牛圖」剛好和靈性發展地圖的步驟互相呼應。

1.尋牛

（無目的地尋找，只聽到蟬聲）

第一步驟，承諾：工作開始。

2.見跡

（找到一條依循的路）

第二步驟，測試：看到腳印，證實了牛的存在，因此承諾受到測試與確認。

3.見牛

（只看到牛的尾巴，沒有看到牛的頭）

第三步驟，和諧：找到牛了，風景令人愉快。牛最重要的部分還沒看到。第一階段結束。

4.得牛

（大戰，牛一直逃跑，需要管教）

第四步驟，理想化：心的發現讓思維得以馴化約束。

5.牧牛

（比較不會亂走，比較不需要管教，牛變得溫和而受控）

第五步驟，專長：能夠駕馭心的力量。

6. 騎牛歸家

（極大的喜悅。「一拍一歌無限意，知音何必鼓唇牙。」）

第五步驟，專長：享受成功與領導統御，名聲遠播。

7. 望牛存人

（「騎牛人已到家山，牛也空今人也閒；紅日三竿猶作夢，鞭繩空頓草堂間。」）

第六步驟，拋棄所知：放棄工具，結束掙扎，脫離衝突。被動。

8. 人牛俱忘

（「鞭索人牛俱屬空，碧天寥廓信難通。」）

第七步驟，合一：牛與自我合一。無限寬廣的合一狀態。

9. 返本還源

（「返本還源已費功，爭如直下若盲聾。」從一開始，真實就很清晰。）

第八步驟，指引：指引讓真實變得清晰。需要從外在的世界引退，才能感知內在的方向。

10. 入鄽垂手

（「不用神仙真祕訣，直教枯木放花開。」我和全世界的人融合一起，看到的每個人都受到啟發。）

第九步驟，發光：煥發光芒，照耀他人。

附錄二
鳥類的會議

　　波斯詩人阿塔（Farid-ud-din Attar）在西元一一七七年寫了一個精神道路的寓言，名為「鳥類的會議」。故事是一大群鳥想要找出鳥中之王「西牟鳥」（Simorgh）。只有三十隻鳥完成了旅程，發現其實自己看到的是水晶湖面上本身的倒影。在波斯文中「Simorgh」的意思是「三十隻鳥」。故事中這些鳥穿過了七座山谷，也可以對應照見地圖的步驟。

七座山谷	靈性發展地圖
1. 探索的山谷	第一步驟：承諾， 與第二步驟：測試
2. 愛與奉獻的山谷	第四步驟：理想化。心的敞開， 接在第三步驟和諧的後面
3. 煥發知識光芒的山谷	第五步驟：專長。這裡的知識來自 個人理想與理性的結合
4. 滅絕的山谷	第六步驟：拋棄所知
5. 合一的山谷	第七步驟：合一
6. 奇妙的山谷，在每個人身上都可以看見所愛，看到原因背後的原因	第八步驟：指引。與所愛溝通， 了解她的願望
7. 實踐了神的山谷。每個靈魂都在尋找的平靜	第九步驟：發光

附錄三
每個步驟的冥想練習短句

　　這些句子是哈茲若・音那雅・康讓學生進行冥想練習之用。我們可以研究這些句子，在進行有意識的呼吸時重複默念這些句子，並且觀察句子在生活中產生的效果。這裡把短句依照實踐的步驟排序，讓你能仔細感受每個步驟。

第一步驟

　　啟蒙是往未知的方向邁出一步。

　　在追尋靈性的道路上，我也被靈所追尋。

第二步驟

　　生活中所有的狀況都是為了判斷真假的測試。

　　為自己犯的錯真心感到抱歉，就像打開天堂的大門。

　　我所有的力量都來自謙遜。

　　堅定信心，通過生命的測試與考驗。

　　到測試的最後都還證明為真的就是黃金。

第三步驟

　　我的生活正在改變，而且越變越好。

堅忍讓事物變得珍貴，人類變得偉大。

沒有說出來的如果說出來了，就會造成不和諧。

理解會讓人在家中獲得和諧，在家之外的地方獲得平靜。理解會讓人感到富有。

我工作得多努力不重要，我達到的成就才算數。

第四步驟

心的發現是最大的啟蒙。

發展充滿各種方向，我的理想就是羅盤，顯現出正確的道路。

幸福就是思考或從事自己覺得美好的事物。

我的愛，我靈魂的理想，請以人類的外表出現在我面前吧。

打開我的心靈聖殿大門，好讓我能在所有人身上都看到神的存在。

第五步驟

主啊，請祢讓我擁有自己，這樣我在世界上才能擁有真正屬於我的事物。

人的心是靈魂的家，靈魂的安適與力量仰賴這個家。

因為祢的力量，讓我能擔負起生命的責任。

讓我的生命變得充滿力量與和諧。

成功是我與生俱來的權利。

我的思緒平靜，我的思考穩定，我的視線銳利，我的生活平衡。

想想你的所愛，想想所愛的需求與願望。

第六步驟

真正的學習是遺忘所有已經學會的事物。

我只不過是祢心中揚起的一道波浪。

親愛的，在光中，我看到祢的美。透過黑暗，祢的神祕顯現在我的心中。

主啊，移走分隔祢我之間的障礙吧。

祢將目光放在我的身上，讓我忘卻自己一輩子的哀愁。

喔，宏偉的自然，在寂靜中我聽到祢悲傷的吶喊。

生命的痛苦，是讓心覺醒的代價。

宏偉的自然，祢用耐心的等待告訴我耐心是什麼。

主啊，祢會正確地引導我，我是個走在生命道路上的孩子。

第七步驟

祢銳利的目光驅散了懷疑與恐懼的烏雲。

在祢明亮的存在下，所有的無知都消失於無形。

像空間一樣看不到，像時間一樣感覺不到，主啊，就是祢的存在。

神是愛。愛在心中被喚醒時，神也就在那裡覺醒。

因為我的靈魂被祢的光攫住，我的目光就變成了彗星。

祢喜悅的微笑在我心中產生一道新的光，我看到陽光普照每個角落。

宏偉的自然，祢的反射在我心中產生了神的光采形象。

第八步驟

主啊，我在自然的宏偉中聽見祢無聲的呼喚。

沉默的聲音，在寂靜的夜裡，我聽見祢的呢喃。

喔，指引的靈，讓祢神聖的光照亮我的道路。

主啊，請在內裡對我說話，祢的僕人正豎耳傾聽。

主啊，透過祢的使者的話語對我說話吧。

主啊，說話吧，在自然的寂靜中。我的心打開了耳朵，想要聽祢的呼喚。

自我啊，就算這個世界上好像沒有人懂我，但你還是能夠了解，這真是美好的一件事。

第九步驟

讓祢的陽光照進我的心。

我的心就是祢的聖殿。

祢比我自己還要更接近我。

體貼的自我，承擔一切，不做什麼。傾聽一切，不說什麼。付出一切，不求回報。服務一切，沒沒無聞。

廣闊的地平線，祢讓我的心變得和祢一樣寬。

我會把自己對每個人做的事，當成是對神做的事。而每個人對我做的事，當成是神對我做的事。

神啊，讓祢的話語成為我生命的表達。

合一的意識是生命的累積。

第十步驟

幫助我成就祢的事業。

主啊，讓祢的僕人做我的主人。

人類最大的特權，就是成為神最稱手的一件工具。

註釋

88　雷普斯（Reps, 1998）。

參考文獻

Al-Sarraj, Abu Nasr and Reynold Nicholson. (2010) *The Kitáb al-luma' fî'l-Tasawwuf of Abú Nasr 'abdallah b. 'Ali al-Sarráj al-Tusi.* Nabu Press.

Anderson, Clifford. (1995) *The Stages of Life.* New York: Atlantic Monthly Press.

Attar, Farid-ud-din. (2003) *The Conference of the Birds.* Interlink Books.

Bair, Puran (2007) "Visible Light Radiated from the Heart with Heart Rhythm Meditation". *Subtle Energies and Energy Medicine.* 16 (3) : 211-215

Bair, Puran, and Susanna Bair. (2007) *Energize Your Heart In Four Dimensions.* Tucson, AZ: Living Heart Media.

—. (2010) *Living from the Heart: Heart Rhythm Meditation for Energy, Clarity, Peace, and Inner Power.* Tucson, AZ: Living Heart Media.

Barks, Coleman, trans. (1995) *The Essential Rumi.* San Francisco: Harper.

Bly, Robert (2005) . *The Winged Energy of Delight: Selected Poems.* New york: Harper Perennial.

Bryant, Edwin F. (2009) *The Yoga Sutras of Patanjali: A New Edition, Translation, and Commentary.* North Point Press.

Carter, John Ross, trans., Mahinda Palihawadana, trans. (2008) *The Dhammapada: The Sayings of the Buddha.* London: Oxford University Press.

Dass, Ram. (1971) *Be Here Now.* New Mexico: The Lama Foundation.

Erikson, Erik H. (1994) *Identity and the Life Cycle.* New York: W.W. Norton & Co.

Fletcher, P.C., O. Zafiris, C.D. Frith, R.A.E. Honey, P.R. Corlett, K. Zilles, and G.R. Fink. (2005) "On the Benefits of not Trying: Brain Activity and Connectivity Reflecting the Interactions of Explicit and Implicit Sequence Learning". *Cerebral Cortex* 2005 15 (7) : 1002-1015; doi: 10.1093/cercor/bhh201

Gladwell, Malcolm. (2009) *What the Dog Saw and Other Adventures.* New York: Little, Brown, and Co.

Hitchens, Christopher. (2007) *God Is Not Great: How Religion Poisons Everything.* New York: Twelve Books.

Jung, C.J. (1981) *The Archetypes and the Collective Unconscious.* Princeton, NJ: Princeton University Press.

Khan, Inayat. *Complete Works.* www.hazrat-inayat-khan.org

—. (1960-64) *The Sufi Message of Hazrat Inayat Khan, Volumes 1-13.* London: Barrie and Rockcliff.

—. (1978) *The Complete Sayings of Hazrat Inayat Khan.* New Lebanon, NY: Omega Publications.

—. (1980) *Tales Told by Hazrat Inayat Khan.* New Lebanon, New York: Sufi Order Publications.

—. (1989) *Complete Works of Pir-o-Murshid Hazrat Inayat Khan, Original Texts: Lectures on Sufism, 1923 I: January-June.* London/The Hague: East-West Publications.

—. (1990) *Complete Works of Pir-o-Murshid Hazrat Inayat Khan, Original Texts: Lectures on Sufism, 1922 I:*

January-August. London/The Hague: East-West Publications.

—. *Esoteric Papers*（unpublished）.

Khan, Vilayat Inayat.（1974）*Toward the One*. New York: Harper and Row.

—.（1978）*The Message of Our Time: The Life and Teachings of the Sufi Master Pir-o-Murshid Hazrat Inayat Khan*. San Francisco: Harper and Row.

—.（1982）*Introducing Spirituality into Counseling and Therapy*. New Lebanon, NY: Omega Publications.

—.（1983）*Retreat Manual*. Unpublished manuscript.

—.（1988）*Rehearsal for Life*. Unpublished manuscript.

—.（1992）*The Call of the Dervish: Breakthrough In Spiritual Realization*. New Lebanon, NY: Omega Publications.

—.（1994）*That Which Transpires Behind That Which Appears*. New Lebanon, NY: Omega Publications.

—.（1996）*Tools of Meditation*. Seattle: Sufi Order International.

—.（2000）*Awakening: A Sufi Experience*. New York: Tarcher.

—.（2003）*In Search of the Hidden Treasure*. New York: Tarcher.

Khusro, Amir. Khalid Shaida, trans.（2008）*Khusro, the Indian Orpheus: A Hundred Odes*. BookSurge Publishing.

Kotsonis, John K.（2007）*An Orthodox Christian Study on Unceasing Prayer*. Theandros. 4: 3. www.theandros.com

Levinson, Daniel J.（1986）*The Seasons of A Man's Life*. New York: Ballantine.

Logothetis, Spyridon.（1982）*The Heart: An Orthodox Christian Spiritual Guide*. Holy Transfiguration Monastery, 1982

Massignon, Louis. Herbert Mason, trans.（1994）*Hallaj: Mystic and Martyr*. Princeton, NJ: Princeton University Press.

Millman, Dan.（2006）*Way of the Peaceful Warrior*. New York: HJ Kramer.

Nicholson, Reynold A., ed.（1898）*Selected Poems from the Divani Shamsi Tabriz*. London: Cambridge University Press.

Osborn, Eric.（2008）*Clement of Alexandria*. London: Cambridge University Press.

Reps, Paul, and Nyogen Sanzaki, trans.（1998）*Zen Flesh, Zen Bones*. Tuttle Press. First published, 1957.

Smith, John D., trans.（2009）*The Mahabharata*. New York: Penguin Classics.

Taleb, Nassim.（2010）*The Black Swan: The Impact of the Highly Improbable*. 2nd ed. New York: Random House.

延伸閱讀

- 《覺醒的你：暢銷百萬，歐普拉的床頭靈修書》（2018），麥克‧辛格（Michael A. Singer），方智。

- 《靈性的呼喚：十位心理治療師的追尋之路》（2017），呂旭亞、李燕蕙、林信男、梁信惠、張達人、張莉莉、陳秉華、曹中瑋、楊蓓、鄭玉英，心靈工坊。

- 《覺醒之後：關於開悟的真相，以及如何將靈性覺醒落（二版）》（2017），阿迪亞香提（Adyashanti），自由之丘。

- 《當下的覺醒：你到底是誰？啟動意識的更高層次（全新紀念版）》（2016），艾克哈特‧托勒（Eckhart Tolle），橡實文化。

- 《開啟你的靈性力量》（2016），安東尼‧戴斯特法諾（Anthony DeStefano），啟示。

- 《當下的力量（全新紀念版）：通往靈性開悟的指引》（2015），艾克哈特‧托勒（Eckhart Tolle），橡實文化。

- 《靈性開悟不是你想的那樣》（2012），傑德‧麥肯納（Jed McKenna），方智。

- 《改變大腦的靈性力量：神經學者的科學實證大發現》（2010），安德魯‧紐柏格、馬克‧瓦德門（Andrew B. Newberg, Mark Robert Waldman），心靈工坊。

- 《超個人心理治療：心理治療與靈性轉化的整合》（2005），布蘭特‧寇特萊特（Brant Cortright），心靈工坊。

國家圖書館出版品預行編目資料

靈性發展地圖 / 普蘭.貝爾（Puran Bair），蘇珊娜.貝
爾（Susanna Bair）著；徐曉珮譯.-- 初版.-- 臺北市：
心靈工坊文化,2019.07
　　面；　公分.--（HO；133）
譯自：Follow your heart : the map to illumination
ISBN 978-986-357-153-7（平裝）
1.靈修
192.1　　　　　　　　　　　　　　　108010848

HO 133

靈性發展地圖
走出自我探索的迷宮
Follow Your Heart
The Map to Illumination

作者——普蘭‧貝爾、蘇珊娜‧貝爾（Puran & Susanna Bair）
譯者——徐曉珮
審閱——王曙芳

出版者——心靈工坊文化事業股份有限公司
發行人——王浩威　總編輯——王桂花
責任編輯——黃心宜　特約編輯——周旻君、鄒恆月、王郁兮
美術設計——雅堂設計工作室
通訊地址——10684 台北市大安區信義路四段 53 巷 8 號 2 樓
郵政劃撥——19546215　戶名——心靈工坊文化事業股份有限公司
電話——02-2702-9186　傳真——02-2702-9286
Email——service@psygarden.com.tw　網址——www.psygarden.com.tw

製版‧印刷——中茂分色製版印刷事業股份有限公司
總經銷——大和書報圖書股份有限公司
電話——02-8990-2588　傳真——02-2290-1658
通訊地址——248 新北市五股工業區五工五路二號
初版一刷——2019 年 7 月　ISBN——978-986-357-153-7　定價——500 元

版權所有‧翻印必究。如有缺頁、破損或裝訂錯誤，請寄回更換。

Follow Your Heart: The Map To Illumination
Copyright© 2011 by Puran Bair and Susanna Bair
Original English edition published by Living Heart Media
Chinese Edition Copyright © 2019 by PsyGarden Publishing Company
ALL RIGHTS RESERVED